地理大千世界丛书

千奇百怪

qianqi baiguai

主策
编划 刘宝骏 建华

杨晓奇 邱玉玲

百花洲文艺出版社
BAIHUAZHOU LITERATURE AND ART PRESS

编写说明

本着激发地理求知兴趣、开拓地理视野、服务中学地理教学的宗旨，本套丛书从宇宙、大气、海洋、地表形态等方面对地理知识进行了多角度的阐述。丛书力求突出如下特色：内容生动活泼，选材主要来自日常生活、社会焦点和科学技术前沿；栏目新颖丰富，设置了智慧导航、小风铃探究、眼镜爷爷来揭秘、智慧卡片等栏目；结构清晰严谨，每册丛书有一个主要课题，每个章节都对这个课题进行了诠释。

本套丛书对丰富学生地理知识、培养地理学习兴趣、树立正确的地理情感和观念有着积极的作用。它是中学地理教材的重要补充，是学生获得更多地理知识的重要来源。本套丛书注重知识的探究、发现、感悟和建构，对学生思维能力、分析操作能力的培养也是大有裨益的。

全套丛书共十册，由叶滢主编，其中《宇宙星神》由王雪琳、廖琰洁主编，邓春波参加编写；《风云变幻》由徐强、兰常德主编，汪冬秀、肖强参加编写；《走进海洋》由刘林、肖强主编；《华夏览胜》由邓春波、彭友斌主编，廖琰洁参加编写；《世界漫游》由文沫、赖童玲主编，邱玉玲参加编写；《鬼斧神工》由汪冬秀、刘小文主编；《人地共生》由刘煜、徐小兰主编；《自然灾害》由胡祖芬、谢丽华主编；《学以致用》由谭礼、罗奕奕主编；《千奇百怪》由杨晓奇、邱玉玲主编。全套丛书由叶滢负责统稿定稿，廖琰洁、邱玉玲、徐小兰、肖强也参加了统稿工作。

在本书的编写过程中参考和引用了一些学者、教师的研究成果及相关资料，限于篇幅不能一一列举，在此一并表示诚挚的感谢！

这套丛书的出版，希望能得到广大中学生读者的喜爱。地理知识是博大精深的，也是不断与时俱进的。限于我们的水平和时间，这套丛书中难免会有不尽如人意之处。我们诚恳地希望大家提出宝贵意见，以便日后修改，不断完善。

丛书编写组
2012年7月

目录 mulu

第一章　地理常伴你我

智慧导航

　　生活中处处有地理，地理知识就在我们的身边。生活中的地理是一种常识，更是一幅展开生活细节的心理地图。

地理无处不在，它伴随着我们的衣食住行，渗透到生活的每一个角落，在我们的日常生活中扮演着重要的角色。

一、气象谚语预测天气

小风铃探究

在古代，没有天气预报，人们是怎么预测天气的呢？又怎么知道次日的阴晴和冷暖的呢？

眼镜爷爷来揭秘

数千年来，劳动人民在生产生活实践中积累了大量的有关气象的民间谚语，并根据这些气象谚语识别天气和指导农事活动。

蚂蚁搬家，长蛇穿道，大雨滂沱

白蚁绕灯飞，天将降大雨

春雾　　　　　　夏雾　　　　　　秋雾

布谷催春种

大雁南飞寒流急

早穿皮袄午穿纱，围着火炉吃西瓜

春雾晴，夏雾雨，秋雾蒙蒙有点水。

智慧卡片

冬寒冷皮，春寒冻骨。

蜘蛛结网屋檐下，外出要带雨伞或笠麻。

朝霞不出门，晚霞行千里。

燕子低飞，出门带蓑衣。

太阳落入乌云洞，明天晒得腰背痛。

星星眨眼，大雨不远。

早晨薄薄云，晚来晒死人。

东虹日头西虹雨。

气象谚语虽不能与天气预报相提并论，但它是人们长期生活的经验总结，对生产生活、防灾抗灾，乃至于继承和发扬民间文化仍不失其积极意义。

智斗赛诸葛

亲，早春不要忙减衣，否则容易感冒哦！

唉，我好像又感冒了，头晕！

"春捂秋冻"是一条保健防病的谚语，你知道它的原理是什么吗？

二、厨房里常备蚯蚓

小风铃探究

厨房里常备蚯蚓

蚯蚓是一种小动物，但它可吞食大量生活中的垃圾，如饭菜、纸张等。一个三口之家一天产生的生活垃圾，几千条成年蚯蚓可将其全部"消耗"。更有人建议：为了减少生活垃圾的产生，在厨房里要常备蚯蚓。

眼镜爷爷来揭秘

蚯蚓是一种常见的生活在土壤中的陆生动物，昼伏夜出，以畜禽粪便和有机废物垃圾为食，连同泥土一同吞入，也摄食植物的茎叶等。生活垃圾有机物含量高，可作为蚯蚓繁殖的营养源，蚯蚓吃垃圾的同时会产生无味、无害、高效的多功能生物肥料。蚯蚓肥用于花卉，可明显延长花期，使花更鲜艳；用于果蔬生产，不仅可提高产量，而且可提高品质和延长贮藏时间。

养蚯蚓"吃"垃圾，产出肥料好种花

蚯蚓的消化能力很强，1亿条蚯蚓1天可吞食40t～50t垃圾，排出20t蚯蚓粪。蚯蚓是通过皮肤进行呼吸的，在氧含量很低的情况下也能维持生存，因此蚯蚓独特的生活方式和强大的消化能力为"生态城市垃圾处理"提供了可行性。人们说蚯蚓是处理生活垃圾的"功臣"，这话一点儿也不错。

智慧卡片

在2000年的悉尼奥运会上，160万条蚯蚓曾为奥运村的垃圾处理立下了汗马功劳。美国1982年建立的一个蚯蚓养殖场，可处理100万城市人口的生活垃圾。加拿大1985年建立的一个蚯蚓饲养厂，每周可处理75万吨城市垃圾。

三、热岛效应是"环境病"？

小风铃探究

住在城市中的居民都会感到，夏季越来越热，让人无法忍受，事实确是如此。据气象观测，近年来我国各大城市温度都有不同程度的升高。除具有"火炉"之称的南京、武汉、重庆外，近年来长沙、合肥、济南、福州、郑州等城市温度每年都在上升，有的已经成了名副其实的"火炉"。造成这种气温升高的原因是什么呢？

眼镜爷爷来揭秘

造成气温升高的主要原因是"热岛效应"。

热岛效应是指一个地区的气温高于周围地区的现象。中心的高温区就像突出海面的岛屿，所以就被形象地称为"热岛"。常见的是城市热岛效应，即城市气温高于郊区气温的现象。

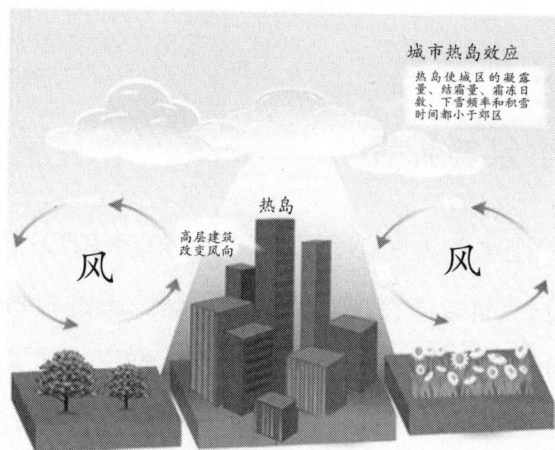

城市热岛效应
热岛使城市的凝露量、结霜量、霜冻日数、下雪频率和积雪时间都小于郊区

高层建筑改变风向

风　热岛　风

热岛效应示意图

从科学的角度讲，城市由于人口密集、交通量大，空调、汽车尾气、家庭炉灶等排放出大量的废热，再加上钢筋水泥建筑在烈日的曝晒下迅速升温，并且建筑物密集，又不利于热量扩散，所以就会形成显著的城市热岛效应。

拥挤的城市与热岛效应

城市热岛效应危害身体健康

医学研究表明，环境温度与人体的生理活动密切相关。环境温度高于28℃时，人就会有不舒适感；温度再高就易导致烦躁、中暑、精神紊乱；气温高于34℃，并伴有频繁的热浪冲击，还可引发一系列疾病，特别是使心脏、脑血管和呼吸系统疾病的发病率上升，此外，支气管炎、肺气肿、哮喘、鼻窦炎、咽炎等呼吸道疾病人数也有所增多。

城市热岛效应如何健康"退烧"

热岛效应的"退烧"措施：

（1）要保护并增大城区的绿地、水体面积。因为城区的水体、绿地对减弱夏季城市热岛效应起着十分明显的作用。据统计，一棵大树昼夜的调温效果相当于10台空调机工作20小时。

（2）城市热岛强度随着城市发展而加强，因此在控制城市发展的同时，要控制城市人口和建筑物密度。因为人口高密度区也是建筑物高密度区和能量高消耗区，常形成气温的高值区。

（3）由于山谷风的影响，盛行南、北转换的风向。夜间多偏北风，白天多偏南风。因此，在扩建新市区或改建旧城区时，应适当拓宽南北走向的街道，以加强城市通风，减小城市热岛强度。

（4）减少人为热的释放，尽量将民用煤改为液化气、天然气，并扩大供热面积。

四、一部电影引发的恐惧

小风铃探究

一部关于全球毁灭的灾难电影《2012》，讲述了在2012年世界末日到来时，人类如何挣扎求生。而玛雅文明也预言2012年12月21日是世界末日，各个文化、种族，全球的科学家、政府，都在关注这一天到底会发生什么，难道地球真的走到尽头了？2012大毁灭真的到来了吗？

《2012》电影海报

眼镜爷爷来揭秘

一个传说中的古玛雅历法的某些理论认为，2012年12月21日将是世界的末日。这一谣言也成为众多影视作品或科幻小说的热门主题，影视或文字的宣传让谣言广为流传，让社会大众在心理上产生一定的恐惧和忧虑。其中，典型代表就是《2012》。但是科学家在对地球及太空的研究中，识破了众多的关于世界末日的谣言。

谣言一，X行星撞向地球

据谣传，"哈勃"太空望远镜于2002年拍摄的一幅图片显示，麒麟座V838变星及周围的尘埃云中含有一个奇异的世界：X行星，而且X行星正在向地球方向飞来，并将于

2012年撞向地球。美国宇航局天体生物学家莫里森认为，"根本不存在这样一个天体，如果确实存在一颗行星或棕矮星可能进入太阳系内，那么天文学家可能已经对其研究了数十年，到现在应该可以用肉眼看到了。"

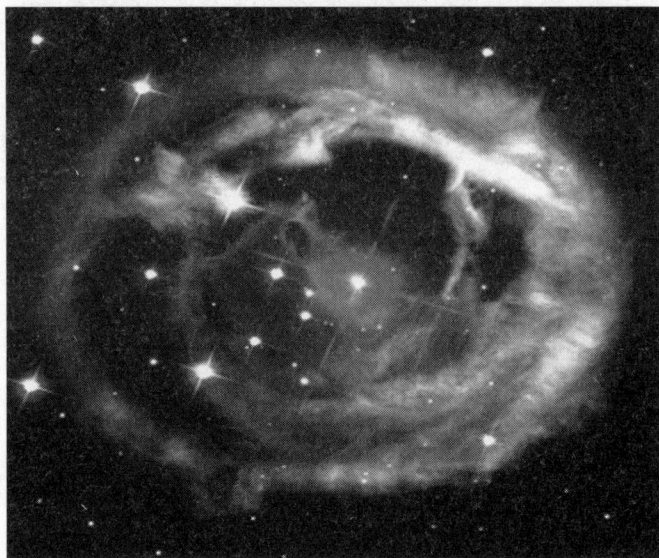

谣言二，银河系对齐导致世界末日

一些星相家相信，2012年将会出现银河系对齐现象，这种现象每2.6万年会出现一次。一些人担心，这种对齐可能让地球暴露于某种强大的未知银河系压力之下，从而加速地球的灭亡，可能的毁灭方式为磁极转换或被卷入银河系中心一个超大质量的黑洞之中。但是科学家认为，2012年根本没有银河系对齐一说，或者说根本没有什么特别的东西。况且这种对齐对于科学没有任何意义，它不会对地心引力、太阳辐射、行星轨道以及地球上的生命等产生任何影响。

谣言三，玛雅人认为2012年是世界末日

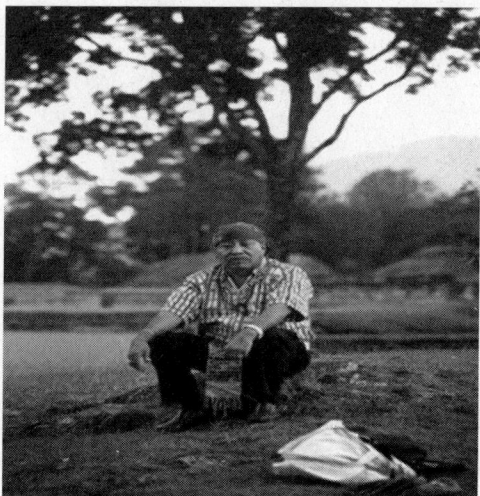

玛雅印第安长老

一些考古学家认为，玛雅历法并没有结束于2012年，玛雅人也从来没有将这一年看做是世界的末日。不过，2012年12月21日确实是玛雅人的一个重要日子。玛雅文化研究专家介绍说："根据玛雅历法，1872000天算是一个轮回，即5125.37年。在玛雅文化的鼎盛时期，玛雅人发明了所谓的长历法，这种历法把最初的计算时间一直追溯到玛雅文化的起源时间。根据长历法，到2012年冬至时，就意味着当前时代的时间结束，即完成了一个轮回，然后重新从零天开始计算一个新的轮回。"

谣言四，太阳开始猛烈袭击地球

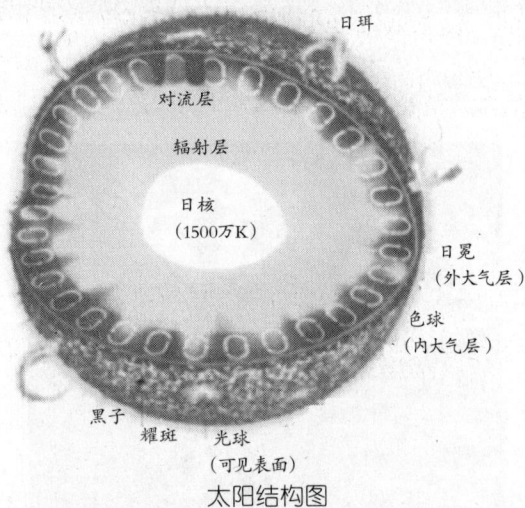

太阳结构图

有谣言称，太阳将于2012年产生强大、致命的太阳耀斑，对地球生命构成严重的威胁。太阳活动的强弱变化周期大约为11年。剧烈的太阳耀斑确实会对地球上的通信及其他系统造成破坏。但是，科学家们认为，至少在短期内，太阳活动产生的风暴不会强大到足以把地球烤焦的程度。而且事实证明，太阳的活动并非总是无规律，这一周期可能不会在2012年达到顶峰，可能会在一两年后。

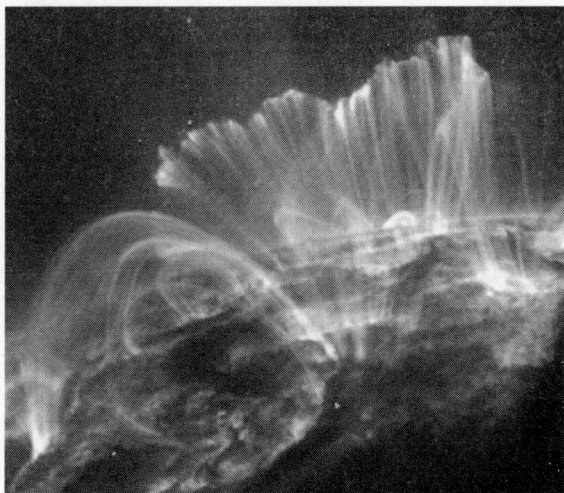

太阳袭击地球

谣言五，玛雅图画预言世界末日场景

一些致力于玛雅文化研究的学者认为，玛雅人并没有留下任何明确的记录，预言2012年将会发生某种特定的事件。不过玛雅人确实留传下一幅关于世界末日假想的图

画。这幅未标明日期的图画出现于著名的《德雷斯顿抄本》的首页，它描述了一个被洪水毁灭的世界。这种场景在许多文化中都曾经出现过，都曾被认为是世界末日的一种可能性。阿凡尼认为，《德雷斯顿抄本》中的假想场景，不能只理解表面的意思，要从中读懂人类的行为。他从长历法联系到人类的新年，并表示："一个时代即将结束，必将伴随着许多狂热的活动和巨大的压力，随后则是一个新时代的诞生，许多人重新开始更美好的生活。"

轻轻的告诉你

玛雅文化

玛雅人在5000年前就出现在墨西哥合众国和中美洲危地马拉的太平洋海岸，在美洲远古的石器时代就开始了他们的生产活动。在玛雅人的观念中，死并不是人生的终点，只不过是新旅程的开始。

玛雅文化的分布示意图

古代玛雅人制造的陶器、玉器等，工艺非常精细；雕刻和壁画作品，特色鲜明，形象逼真；建筑工程，规模宏大，布局严谨，技术精湛。古代玛雅人在数学、天文等领域所达到的成就，欧洲人无法望其项背。他们很早就掌握了日食周期以及日月和一些星辰的运行规律，在此基础上创造了精确度很高的历法。

金字塔式建筑及圆柱体玛雅文化古建筑环境

玛雅文化发展了很长一段时间，但让人不解的是，公元830年，科班城浩大的工程突然停工。公元835年，帕伦克的金字塔神庙也停止了施工，公元889年，迪卡尔正在建设中的寺庙群工程中断了。公元909年，玛雅人最后一个城堡也停下了已修过半的石柱，散居在丛林中的玛雅人都抛弃了原来南边的家园，集体向北迁移。过了一段时期，玛雅文化就彻底消失了。这究竟是为什么呢？

关于玛雅文化衰亡的原因，曾经有过种种揣测，有说随外星人离去、随祖先沉入大海、内部暴乱、祭祀杀人过多等，但都没有确凿的证据。为此，考古学家正在进行不懈的研究。

五、人民币背后的景点故事

小风铃探究

最近，流行一句话"人民币带你游遍中国大好河山"，人民币背后的景点是画家的凭空想象还是真实的景致呢？

眼镜爷爷来揭秘

我们的生活离不开人民币，人民币素有"国家名片"之称。中国人民银行发行的第五套人民币，在各面额货币正面均采用毛泽东主席建国初期的头像，底衬采用了中国著名花卉图案，背面主景图案通过选用有代表性的寓有民族特色的图案，充分表现了中国悠久的历史和壮丽的山河，弘扬了中国伟大的民族文化。在这里，主要介绍第五套人民币上的景点。

"三潭印月"

"三潭印月"是杭州西湖的标志性景观，是江南园林"自然风光与人工建筑结合"的典范。西湖中的这三座小石塔被称为"三潭"，秋季时，在塔中点燃灯烛，灯光、月光以及它们在湖水中倒影交相辉映，是中国古典园林的经典之作。

泰山

这个图案采用了"空间蒙太奇"的手法，把"五岳独尊"的石刻和泰山主峰两个场景放到一起，在现实中是看不到这样的景观的。泰山有极崇高的地位，是帝王祭祀天空和大地的地方，向世人宣布自己的皇权是顺应天道的。

三峡

此图是在空中俯瞰三峡，这个角度更能展示山高水急，让我们从难以亲历的高度观赏三峡美景。

桂林山水

　　桂林山水甲天下，它是一种喀斯特地貌。桂林地区曾经是一片汪洋，沉淀在海底的钙质逐渐转变为以碳酸钙为主要成分的石灰岩。石灰岩的特点是可以被水侵蚀、雕刻成各种形状，桂林山水可以说是大自然以水为刻刀的伟大作品。

布达拉宫

　　布达拉宫位于拉萨市中心，它是藏传佛教的圣地，过去曾是西藏统治的权力中心。布达拉宫建立在拉萨河谷中的红山之上，宫殿依山而建，巍峨壮观。

人民大会堂

　　人民币上的图案不但是著名的风景地，更是我国自然地理、历史文化和政治纪念的代表。读取这些"国家名片"上的风景，可以视为最浓缩的"中国精华游"。

考考你

　　知道以下第四套人民币中四张人民币的景点吗？

第二章　地理与科技

智慧导航

　　科学技术正在深深地影响我们的日常生活，在经济社会发展中扮演着不可或缺的角色。随着科技的发展，人类的生活变得更加美好，也让人类实现了更多的梦想——太

空梦。

科技是一把双刃剑，我们要寻找它有助于人类发展的一面，走可持续发展道路。

一、绿色电子产品横空出世

小风铃探究

最近社会上有很多有关废弃电子产品的报道，看着那些画面真是痛心！虽然电子产品给我们的生活带来了更多的方便和精彩，但是它们往往都是高耗能的，容易更新换代。旧的电子产品被淘汰时，如果处理不当，容易造成环境污染，危害人类健康。所以，人们未免会想：电子产品是否也要走环保路线？

各式各样的电子产品

电子废弃品

眼镜爷爷来揭秘

现代社会说得最多的一个词就是绿色，而我们的电子产品也积极地向绿色靠近，称为"绿色电子"。看看这些最新发明的电子产品，你可能会惊讶地发现，原来保护环境和使用电子产品两者是可以兼得的。

智慧卡片

绿色电子产品

符合欧盟RoHS指令要求的产品，RoHS指令中，一共列出六种有害物质，包括：铅（Pb）、镉（Cd）、汞（Hg）、六价铬（$Cr6^+$）、多溴二苯醚（PBDE）、多溴联苯（PBB）。其中铅、

汞、六价铬、多溴二苯醚、多溴联苯的质量百分比上限为0.1%
（1000ppm），镉的含量上限为0.01%（100ppm）。

考考你

参照绿色电子产品的指标，我们在挑选电子产品时应该注意什么问题呢？

以下几款电子产品是最新的、颇具创意的绿色发明，展示了新一代发明者既强调实用又重视环保的理念。

绿色小喇叭

这款喇叭对于骑自行车者、骑摩托车者、滑板运动员是再好不过了。只要将这个小玩意贴到安全帽上，便可以将它变成具有环场音效的喇叭Tunebug Shake，附有3.5mm音源插孔，另内置有支持立体声的蓝牙模块，因

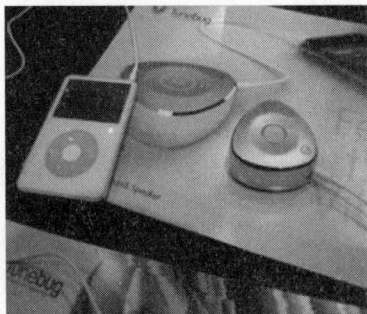

此几乎所有的播放器都能通过它播放音乐。

水动力时钟

这是一款非常环保的时钟，不需要使用电池，只需要定期注入一些普通的水或食盐，里面特殊的化学电池就会产生电能，驱动时钟正常运转。买一只绿色环保的水动力时钟，省不少电池钱哦！

手动充电器

这个看起来像一个盒式磁带的透明小玩意就是手动充电器。它使用的是绳子，绳子拉得越长，发电量也越大。虽然发电的原理很简单，但是如何最大限度地让人力转化为电力也是需要技巧的哦。

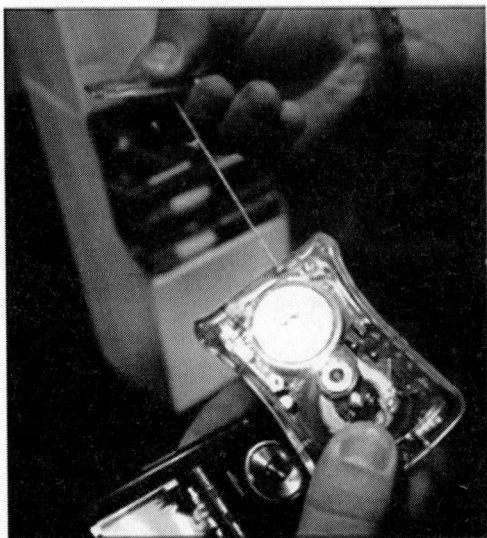

以后等我外出旅游的时候一定要带上这个省事的玩意儿，手机没电的时候随时可以充，多好！

无线鼠标

这种用软木制造的无线鼠标，无需装电池，你的手在移动鼠标过程中就会产生电能。因为在它的左右单击按钮里各有一个压电元件，移动鼠标时滚轮会产生动能，通过鼠标内部的构造将动能转化为电能，维持鼠标的正常工作。

Corky
the little brown mouse

· Charged through motion
· Recycled cork shell is naturally waterproof and comfortable
· 100% recycled plastic components
· Regional sourcing and assembly
· Product take-back and recycling
· Disassembly data easily accessible for other recyclers

二、航天员在"天宫"如何生活？

小风铃探究

2012年6月16日神舟九号成功发射，景海鹏、刘旺、刘洋3名航天员搭乘神舟九号飞船顺利进入预定轨道，航天员在轨道停留了13天。6月18日，神舟九号飞船与天宫一号飞行器进行交会对接，之后，3名航天员进入天宫一号工作、生活，并开展相关科学实验。那么，他们是如何在太空度过这13天的呢？航天员的衣食住行到底是怎样的呢？

刘洋　　　　　　景海鹏　　　　　　刘旺

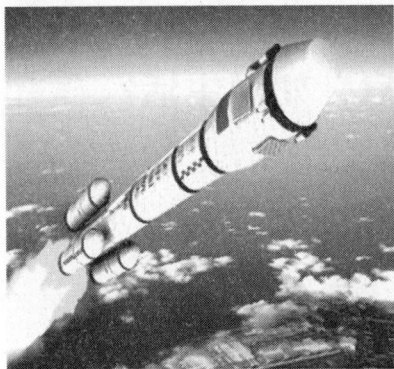

神舟九号

眼镜爷爷来揭秘

　　太空环境具有超低温、强辐射和高真空等特点，由于太空

环境的特殊性，航天员的衣食住及娱乐活动会跟我们平常的生活

有些不一样，下面一一来解答。

1. 穿什么？

目前，曝光率最高、最为大众熟知的航天员标志性服饰，当属蓝白相间的航天服。航天服按功能分为舱内航天服和舱外航天服。

舱内航天服主要在飞船上升段、返回段及交会对接段穿着，一旦飞船座舱发生泄漏，压力突然降低，服装内就会立即充压供气，并能提供一定的温度保障和通信功能。

我国研制的"飞天"舱外航天服

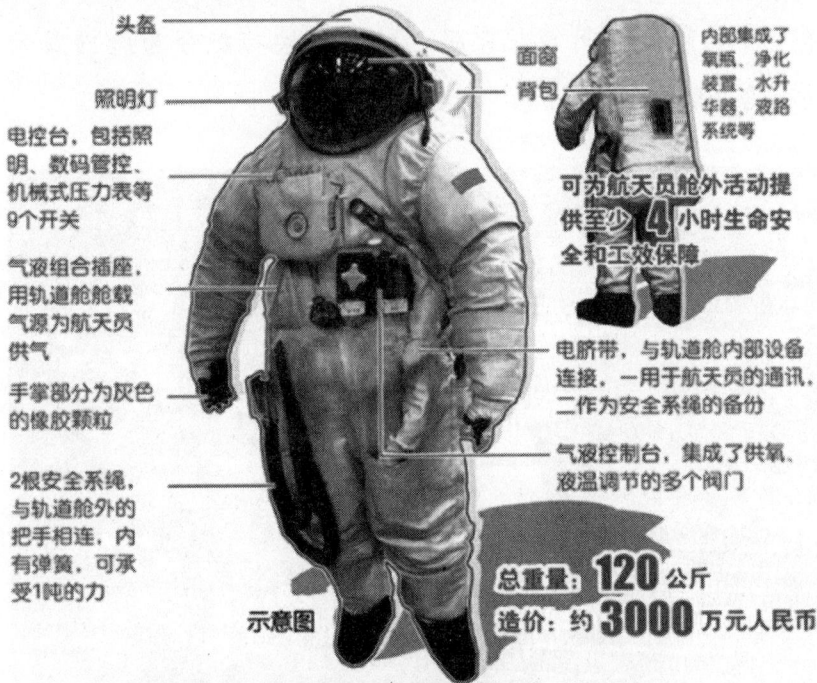

头盔

照明灯

电控台，包括照明、数码管控、机械式压力表等9个开关

气液组合插座，用轨道舱舱载气源为航天员供气

手掌部分为灰色的橡胶颗粒

2根安全系绳，与轨道舱外的把手相连，内有弹簧，可承受1吨的力

示意图

面窗
背包

内部集成了氧瓶、净化装置、水升华器、液路系统等

可为航天员舱外活动提供至少 4 小时生命安全和工效保障

电脐带，与轨道舱内部设备连接，一用于航天员的通讯，二作为安全系绳的备份

气液控制台，集成了供氧、液温调节的多个阀门

总重量：**120**公斤
造价：约**3000**万元人民币

舱外航天服

除了舱内、舱外航天服外，还为航天员准备了多种常服，包括内衣、工作服、对抗微重力的"企鹅服"、空间运动服等，其中大多数将随飞船一同上天。空间运动服跟地面的运动服没有什么差别，但是在舒适度上会有特别考虑。运动的时候怕出汗，要求速干，因此要给航天员干爽感。

智慧卡片

"企鹅服"对抗失重

在地面生活时，人体内的抗重力肌会持续起到支撑人体的作用，到了失重环境下，抗重力肌就会慢慢萎缩，肌力也会逐渐丢失。为了对抗失重环境对人体肌肉造成的不利影响，航天员科研训练中心航天医学基础与应用国家重点实验室成功研制出了"企鹅服"。

"企鹅服"是通过人为束缚，给肌体增加压力，使航天员的肌肉得到负荷和刺激，保持基本结构和功能。通过穿着"企鹅服"及"企鹅服鞋"，对航天员躯干和下肢产生力的负荷，对抗失重导致的肌肉萎缩。航天员进入天宫一号以后，每天至少穿着"企鹅服"8个小时。

2. 吃什么？

在天上吃得好不好、睡得香不香，直接影响到航天员的心情和健康。为保障飞行任务，中国航天员科研训练中心精心设计了5大类50多种食品，在品种、花样、味道上都做了多种尝试。食谱4天轮换一次，可以保证航天员在天上吃到热腾腾、香喷喷的饭菜。

航天员的味觉在太空也会有变化，容易出现食欲不振的情况，因此也为航天员特意准备了辣酱等调味品，有助于"开胃"。为方便进食，会增加黏度，防止食物飘浮。

太空厨房里装的是什么？

加热　　食品加热器，被隐藏于舱体，可以加热，吃到热饭热菜。

菜单　　什锦炒饭、虾仁炒鸡蛋、雪菜肉丝、木须肉、黑椒牛柳等。

饮料　　柠檬茶、菠萝汁、葡萄汁等。

作料　　川味辣酱、甜辣酱、番茄酱等。

什锦炒饭

干烧杏鲍菇

食物一份份包好，由航天员在厨房里做最后的加工：给需要水的食品加水，把需要加热的食物放入烘箱，把吸管插入饮料容器内，然后将食物放入托盘中，用磁铁、尼龙绒扣或胶带，固定在轻便的饭桌上或机舱壁上。航天员通常站着进食，双脚套在固定装置中，防止身体到处飘浮。

航天员打开食品包装时，食物并不像有些人所想象的那样飘浮而去。这是因为大多数食物是湿的，而且覆盖有酱汁，表面张力有助于使食物留在容器中。用刀、叉和勺子进食不会有什么困难，因为食物会黏附在餐具上。太空人必须缓慢地用餐，饮料都是脱水后放在袋中的。可以喝到各种的果汁、茶、咖啡和牛奶。果汁的味道真不错，比如杏仁味的和红醋栗。

3. 怎么睡觉?

对人体来说,大气层外的空间可谓"生命禁区",如何为航天员在真空、温差极大、辐射极强的空间里营造一个健康、舒适的生活环境尤为重要。

天宫一号有两个睡眠区、一个仪表显示区、一个空间科学实验区、一个在轨锻炼区。航天员的太空生活将按照天地同步原则安排,进入组合体运行阶段后,按北京时间休息和工作。

在太空,一个昼夜90分钟,航天员如何睡觉呢?航天员的睡袋固定在舱壁上,因此航天员看起来是站着入睡的。睡袋同时配有防止舱内噪声和光线的耳罩、眼罩。

天宫舱内

航天员在太空中睡觉是垂直挂在轨道舱的舱壁上

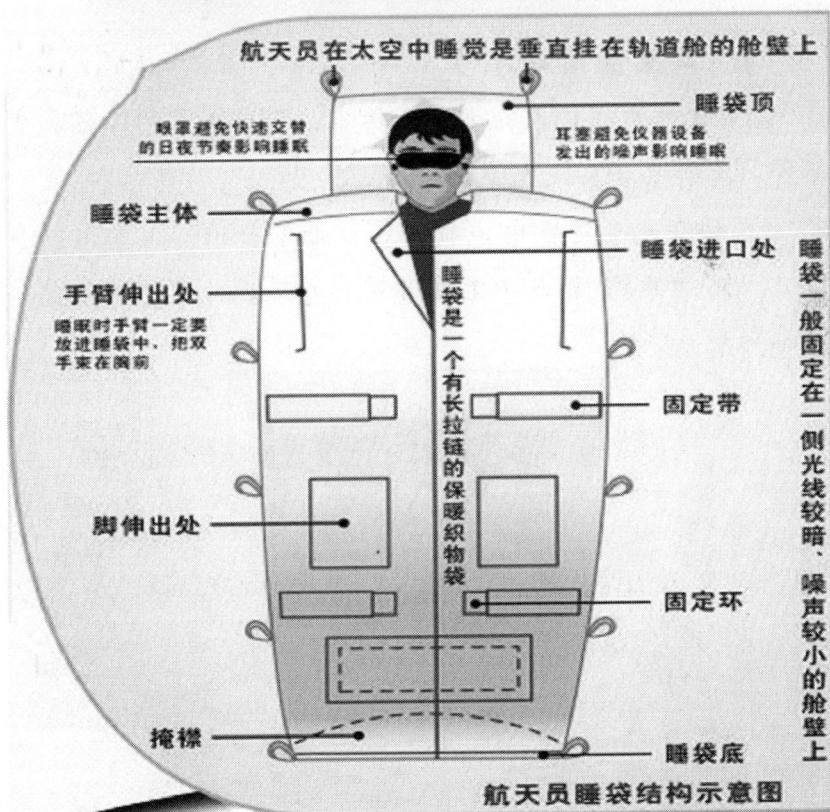

睡袋顶

噪声避免快速交替
的日夜节奏影响睡眠

耳塞避免仪器设备
发出的噪声影响睡眠

睡袋主体

睡袋进口处

手臂伸出处

睡眠时手臂一定要
放进睡袋中，把双
手束在胸前

固定带

脚伸出处

固定环

掩襟

睡袋底

睡袋是一个有长拉链的保暖织物袋

睡袋一般固定在一侧光线较暗、噪声较小的舱壁上

航天员睡袋结构示意图

告诉你一个秘密，航天员的尿液很宝贵的，要把它收集起来，进行尿变水实验哦！

4. 太空生活娱乐多

3名航天员在13天的太空生活中，除了正常的工作和生活外，有哪些个人娱乐项目呢？

在神舟九号任务中，航天员携带了音乐、文学书籍、图片、视频等4大类电子文件进入太空。此外，还可以进行适量的运动。

古今著名书籍

蹬自行车，活动身体

小故事大智慧

神九升空遭遇飞碟？

在神舟九号发射升空的视频中，短暂出现过两个发光体。于是有人惊呼：外星人的飞碟前来为神九"护航"！

航天研究员认为，发光体很可能是大气光学现象或者飞机等人造飞行器。他同时表示，如果只有个别相机捕捉到这些发光体，也不排除是设备部分像素发生故障造成的，并不是不明飞行物。

不明发光体

神九

三、科技，让城市更美好

小风铃探究

中国有5亿人生活在城市，到2030年，这一数字有望增加一倍。城市消耗了全球近2/3的能源和60%的水资源，排放的温室气体占全球的70%。面对城市日益突出的问题，接下来应该如何继续发展城市建设？

智慧卡片

城市，让生活更美好

2010年，上海世博会的主题是"城市，让生活更美好"，主题下设五个副主题，分别是"城市多元文化的融合"、"城市

经济的繁荣"、"城市科技的创新"、"城市社区的重塑"和
"城市和乡村的互动"。

眼镜爷爷来揭秘

　　为应对城市化和人口结构变化带来的严峻挑战，城市正在积极探索提升基础设施效率的有效途径。借助适当的技术，城市可以变得更环保，居民的生活质量得到提高，同时还能降低相关成本，走出一条可持续发展的城市建设道路。

什么是可持续发展的城市？

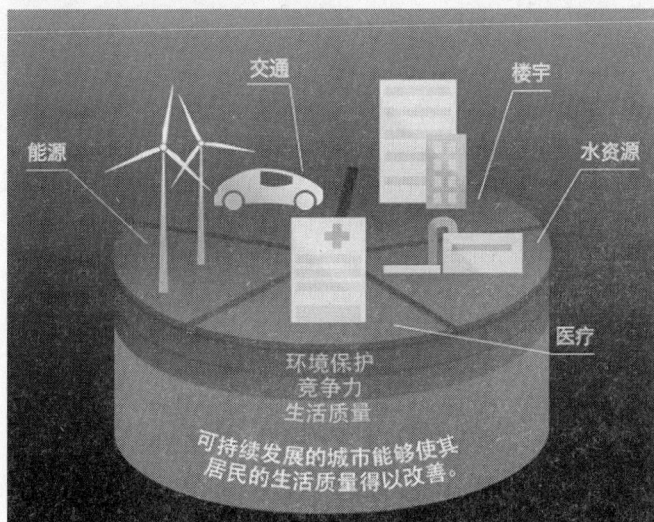

　　可持续发展的城市由高效的能源、全面的交通解决方案、

智能化楼宇、水资源管理、绿色医院五部分组成。

1. 高效能源

能源供应、能源安全、经济效益和环境影响之间的良好平衡，有助于保证城市地区能源供应系统的可持续发展。

在中国，火电厂的平均能效为36%。最近由西门子研究的先进燃煤发电技术，将有助于大幅提升燃煤效率。如上海外高桥电厂三期工程是世界上效率最高的燃煤电厂，实现了高于46%的供电净效率，为世界发电行业树起了"中国标杆"。

燃煤电厂

另外，我们还将积极开发可再生能源，并致力于发展零排放可再生能源，中国将是世界上发展最快的风能市场。

风能发电

当前中国的一个重点输电项目是长达1400公里的"电力高速公路"，该条输电线路能将云南的水电站生产的清洁能源输送到中国东南沿海的大城市。这条世界上最长的高压直流输电线路的输电容量能够为500万户家庭供电。由于清洁水电的使用，可使当地的传统电厂减少3000万吨的二氧化碳排放。

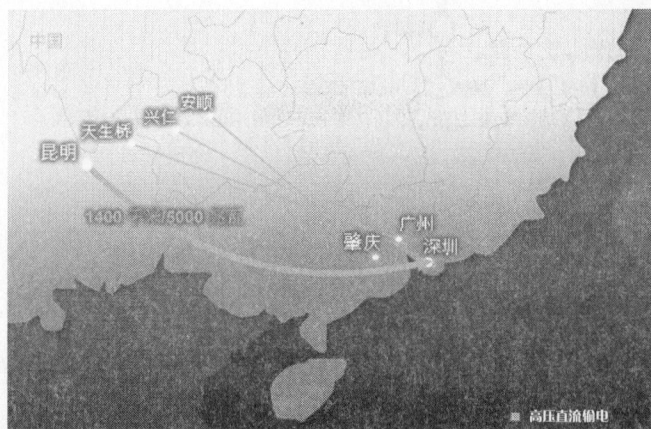

2. 全面的交通解决方案

交通运输是气候变化的主要"元凶"之一 —— 人类对于交通工具的需求将持续增长。城市需要高效、经济、实用的本地公共交通解决方案，以缓解交通拥堵和减少二氧化碳排放。

安全可靠的公共交通

为了实现可持续发展，各大城市尤其依赖于高效的公共交通系统。对于城际旅行而言，快轨是一种可替代汽车和飞机的环保的交通方式。广佛线是中国的第一条城际轨道交通线路。

机场解决方案

航空运输在城市中发挥着重要作用。除了高效的旅客运送外，机场运营商还非常重视高效可靠的行李分拣及运送。北京首都国际机场3号航站楼有世界上最大、最现代化的行李分拣系统，这套长达68公里的系统每小时可登记、分类和运送19200件行李。

行李分拣系统

智能交通管理

上海虹桥机场推行了中国最大的停车管理系统，为服务2010年世博会做出了巨大的贡献。

电动交通

电动汽车将主宰未来的城市交通。在生态城市中，电动汽车将成为个人交通的主要工具。在发电高峰时段——譬如风力很猛或阳光很强的时候，电动汽车可储存电能，然后在用电高峰时段，将剩余电能回馈给电网。

3. 智能化楼宇

集成式楼宇需要高效的基础设施、精确的信息管理和不间断的实时维护。集成式楼宇将服务基础设施的所有系统——例如暖通空调和安防系统集成到一起。全集成能源管理可为楼宇的可靠配电提供所有必要的支持。

节能照明系统。照明占楼宇能耗的50%左右，LED灯是照明家族的新星，使用寿命是普通白炽灯的很多倍，并且可降低80%的能耗。1万多盏欧司朗LED灯将广州西塔装点得璀璨夺目。

4. 智能水资源管理

洁净的水对于公共卫生和人民生活质量至关重要。水资源的管理和供应向各大城市和大都会地区提出了挑战。

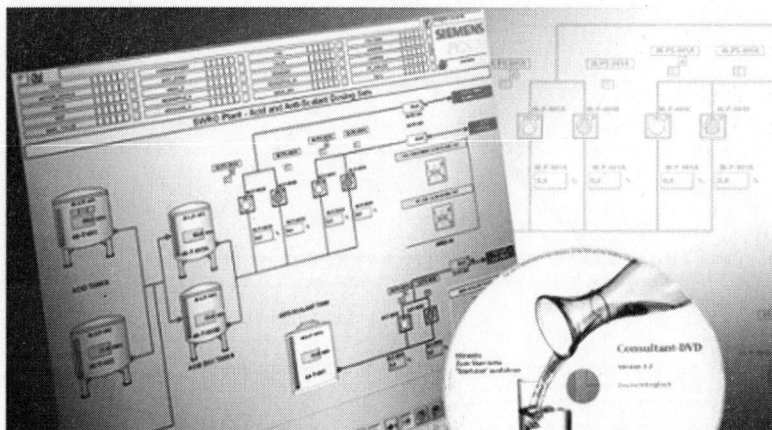

　　智能水资源管理系统能够在水资源管理装置规划的各个阶段为工程机构、系统集成商和水厂运营商提供有效的支持。使他们能够及时发现潜在问题，防患于未然。

　　此外，科学家正在研究最先进的水处理技术。目前，科学家提供了一套创新的生物固体管理解决方案，能够消除使用活性污泥的污水处理设施产生的生物固体，降低了污泥处理成本。

5. 绿色医院

　　发展城市、农村生态和经济的要求加剧了城市和农村生态基础设施建设面临的挑战。面对看病难的问题，我们应该走"绿色+医院理念"的可持续发展之路。

绿色⁺医院理念

效率

可持续的
医疗
基础设施

绿色　　　　　　　　　　　质量

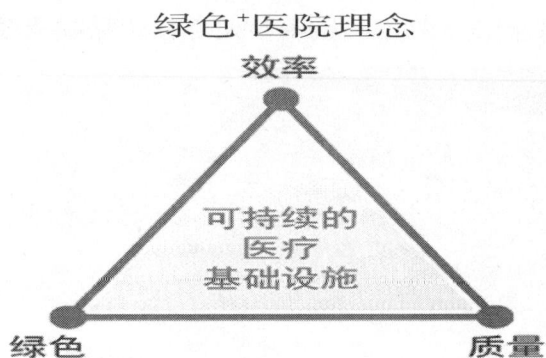

　　"绿色⁺医院理念"兼顾了医疗保障、经济和生态方面的需求。我们通过能源优化、楼宇自动化和使用节能设备，帮助医院降低能源成本，同时提高患者的舒适度。此外，还可以通过采用低剂量计算机断层成像技术来实现。同时还将多种创新技术融入其扫描设备，这使其CT设备的辐射剂量远远低于其他同类设备。此外，通过优化临床路径、缩短检查时间和广泛采用IT技术，打造顺畅、安全的工作流程，这是提高医院经济效益的关键。

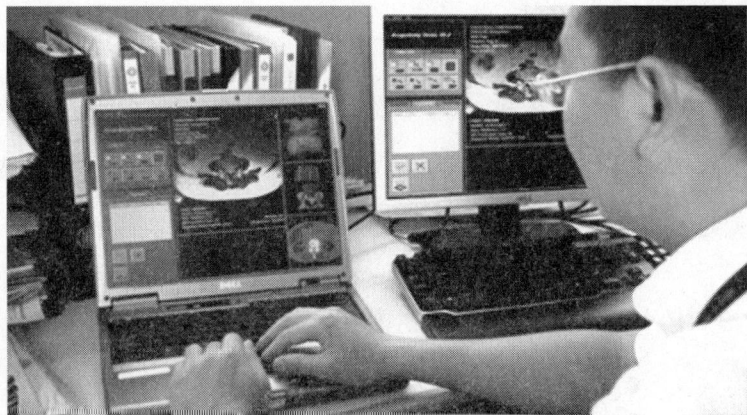

科学家们也计划将中国传统医学的精华与西方科技进行结合，建立第一个传统中药研究平台。

四、路在脚下——"三色农业"

小风铃探究

农业对于中国而言，有着非同寻常的意义。我们告别了传统农业，进入了现代化农业的发展阶段，我们曾经为能用上农药、除草剂、化肥等欣喜鼓舞，但是这些所谓的"现代化"产品的使用，不但消耗了大量不可再生的能源，也造成了环境污染、土壤板结、作物病虫害加重，致使农业持续发展陷入困境。那我们应该寻找怎样的一条发展农业的新道路呢？

1.绿色农业

智慧卡片

绿色农业是指以可持续发展理论为指导原则，从注重自然生态平衡、减少环境污染、保护和节约自然资源、维护人类社会长远利益及长久发展的角度出发，在农业从"田间到餐桌"的整个产业链条中，以绿色科技创新为依托，生产无公害、无污染、有益于人类健康的农产品的产业。

绿色农业以"绿色环境"、"绿色产品"、"绿色技术"为主体，在具体应用上将 "三品"——无公害农产品、绿色食品和有机食品，合称为绿色农业。加入WTO后，国际市场对农产品的高品位、高质量、优品种和无毒无害无污染的要求，促使中国必须走绿色农业发展之路。

绿色环境

在过去，由于农药、化肥的使用造成了水体污染、土壤板结、动植物的毁灭，因此，我们必须改变过去的生产方式，走新型的以保护环境为原则的绿色农业道路。

触目惊心的农药

绿色环境能保持生物的多样性，在农业发展过程中，保持人、环境、自然与经济的和谐统一。

人与自然的和谐

绿色产品

绿色产品要求农业在产品的生产、使用及处理过程中，均符合环境保护的要求，不危害人体健康，其产生的垃圾无害或危害极小，有利于资源再生和回收利用，并且各类农产品无污染、无公害。

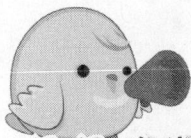

轻轻的告诉你

绿色产品——中国鹰嘴水蜜桃

鹰嘴水蜜桃产于广东省河源市连平县，至今连平县种植已有5万多亩，由于当地特殊的地理环境、自然气候和丰富的水土资源，目前该镇成为华南地区最大的水蜜桃基地。

鹰嘴水蜜桃主要特点：甜、脆、爽口，还有独特的蜜香味，并且其在种植的过程中大多采用农家肥料，产生的污染物少，因为品质上乘而远销珠三角地区，是目前广东乃至中国南方最好的桃类品种，被农科专家誉为"桃之极品"。

近年来，鹰嘴水蜜桃已经成为广东地区最受消费者欢迎的"绿色水果"之一。2005年11月，连平县被中国特色之乡推荐为"中国鹰嘴桃之乡"。2011年11月份，连平鹰嘴水蜜桃荣获"岭南十大佳果"的称号。

　　每到鹰嘴水蜜桃采摘的7月，九连山的乡间山野，到处弥漫着鹰嘴水蜜桃的清香，万亩桃园和绿水青山，也成了城里人休闲、度假、游览的好地方，吸引了大批从珠三角等地远道而来的客人前来购桃、品桃。

绿色技术

　　在农业生产中，我们应该减少污染、降低消耗和改善生态，利用现代无污染的技术。目前，中国在这方面取得了许多领先世界的成果。比如，利用绿色技术研究出的抗棉铃虫转基因棉花、超级木薯、超级水稻、短季抗病马铃薯、特种玉米、抗病小麦等。

抗棉铃虫转基因棉花

特种玉米

轻轻的告诉你

超级水稻

袁隆平是杂交水稻之父，他曾经说："我做过一个梦，梦见杂交水稻的茎秆像高粱一样高，穗子像扫帚一样大，稻谷像葡萄一样结得一串串，我和我的助手们一块在稻田里散步，在水稻下面乘凉。"

袁隆平

超级水稻

2011年9月19日，杂交水稻之父袁隆平院士指导的超级稻第三期目标亩产900公斤高产攻关获得成功，隆回县百亩试验田亩产达到926.6公斤。中国顶尖农业科学家袁隆平近日实现了他80岁生日的愿望之一——他的超级水稻实现每公顷产量13.9吨，创造了水稻产量新的世界纪录。

满载着袁隆平的梦想与希望，杂交水稻在中国和世界

的大地上播种和收获，创造着一个个神话般的奇迹。

世界杰出的农业经济学家唐·帕尔伯格写了一部名著叫《走向丰衣足食的世界》，书中写道："袁隆平为中国赢得了宝贵的时间，他增产的粮食实质上降低了人口增长率。他在农业科学上的成就击败了饥饿的威胁。他正引导我们走向一个丰衣足食的世界。"

袁隆平研制的超级水稻不仅为解决中国人民的温饱和保障国家粮食安全作出了贡献，更为世界和平和社会进步树立了丰碑。他又使多少农民朋友的脸上写满了灿烂的笑容呢？

丰收的喜悦

2.白色农业

智慧卡片

白色农业又称微生物农业，是指微生物资源产业化的工业型新农业，简称"微生物工业型农业"。

国际上之所以要在"农业"前面加上"白色"两个字，主要是因为这种农业的生产过程不仅没有环境污染，而且还要求生产的环境一定要干净清洁。由于实行工厂化生产，所以不受气候等自然条件的限制和影响，生产稳定，产品的产量和质量能得到可靠的保障。而且节水、节土、节能、高效，所以白色农业有着极其巨大的生产潜力。

白色农业把传统绿色农业向"光"[阳光]要粮、向地要粮的生产方式，转变为向"草"[秸秆]要粮、向废弃物要粮的生产方式。与传统种植业生产粮食相比，它具有生产周期短，高产、高效，产品无污染、无毒副作用，节约水土资源，不污染环境，资源可综合利用等特征。

白色农业的六大产业

微生物饲料及添加剂

微生物饲料发酵剂含有大量的乳酸菌、酵母菌等多种有益微生物，作为饲料进入畜禽体内后，能迅速繁殖，一方面投入菌种的代谢物中和肠内毒素，抑制了其他有害菌丛的生长，另一方面在宿主体内形成了正常微生物菌群，为宿主合成主要的维生素提供营养和阻止致病菌的入侵。

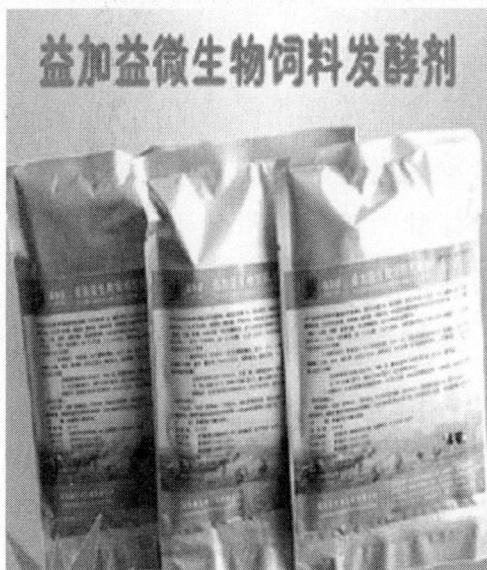

微生物肥料

我国微生物肥料的研究和应用正在热潮之中。其主要品种有：根瘤菌肥料类、固氮菌肥料类、微生物生长调节剂、复合微生物肥料类等。

　　微生物肥料的使用可改善植物根基的微生态环境，调节土壤酶活力，帮助植株吸收养分，促进植株生长，提高植株自身的免疫力，增强其抗病能力。如根瘤菌肥料是含有大量根瘤菌活细胞的生物制剂，豆科作物播种前用相应的根瘤菌肥料拌种，根瘤菌附着于种子表面，在种子萌发生根后，根瘤菌依靠根系吸收水分和碳素，大量繁殖后形成许多根瘤，根瘤细胞内的固氮酶将空气中分子态氮固定到植物根部，供其吸收利用。

微生物农药

　　微生物农药是利用微生物菌体或其代谢产物来防治植物病虫害的一种生物方法。这类农药具有选择性强，对人、畜、农作物和自然环境安全，不伤害天敌，不易产生抗性等特点。微生物农药包括细菌、真菌、病毒或其代谢物。

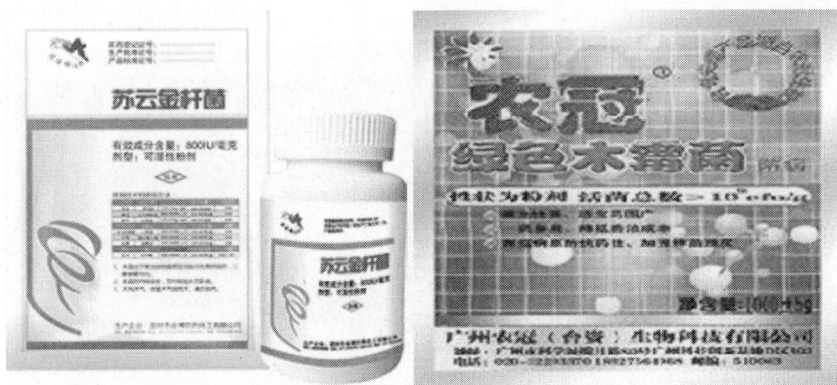

在我国微生物食品中，食用菌分布最广、食用最普遍、历史最悠久，香菇、木耳、灵芝等就属于此类。

灵芝

香菇

微生物能源

我国微生物能源上应用最多的是沼气。沼气除了用于照明、炊事外，还可作为生产用能。目前我国农村许多地方发展沼气已不单作为能源建设，而成为一项有效的环保和生产建设事业。

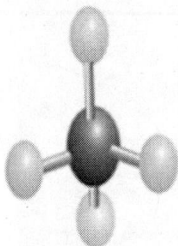 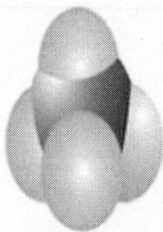

Ⅰ 球棍模型　　Ⅱ 比例模型

沼气结构式

沼气发电站

微生物生态环境保护剂

近20年来，国外在开发微生物制剂消除空气、水、土壤中的有毒气体和有害物质方面成效卓著，许多"除臭剂"已规模生产并大面积推广使用。日本的"EM技术"、美国的"EIA 生态保护剂"、韩国的"乐土"等都是此类产品，已被我国引进并推广应用，在消除畜禽粪便产生的恶臭和有毒气体方面取得良好效果，受到广泛欢迎。我国正大力发展畜牧业，微生物除臭剂的开发和应用具有广阔的天地和美好的前景。微生物生态环境保持剂将会成为环保的一项新兴产业。

3.蓝色农业

人类生存发展的空间在哪里？科学家们经过反复研究认为，人类的出路在海洋，海洋是个巨大的资源宝库，要开发海洋，向海洋要蛋白质，要生存空间。全世界海洋生存着20多万种生物，据测算，海洋的初级生产力每年有6000亿吨，每年可为人类提供6亿吨可食用的高级生物，而目前全世界每年的渔获量约1.2亿吨，就为人类提供了22%的动物蛋白。

智慧卡片

蓝色农业

蓝色农业指的是在水体中开展的海洋水产农牧化活动，具体来说，所有在近岸浅海海域、潮间带以及潮上带室内外水池水槽内开展的虾、贝、藻、鱼类的养殖业都包括在内。

轻轻的告诉你

威海打造山东半岛蓝色经济区

面朝大海，迎面拂来清爽而又带着淡淡腥味的海风，不见白浪滔天，但见渔帆点点，宁静祥和让人不觉心旷神怡。从一个小渔村一步步发展成现代化海滨城市，从一个曾经的边防重镇逐渐演变成对外开放的前沿，这就是威海，一个曾经以渔业为生，现在以渔业扬名的城市。

美丽的威海

2009年4月，胡锦涛总书记在山东考察时指出："要大力发展海洋经济，科学开发海洋资源，培育海洋优势产业，打造山东半岛蓝色经济区。"

海带养殖基地

威海是山东半岛蓝色经济区里最年轻的一座小城，这里虽然听不到重型工业机器轰鸣的声音，但却拥有全球最大的海带养殖基地、全国最大的水产品加工基地、全省最大的海珍品养殖基地和远洋捕捞船队。

海珍品养殖地

　　威海通过走规模化发展、集团化经营的道路，已经崛起了一批渔业龙头企业群体，全市年产值过亿元的渔业企业超过40家。

海珍品养殖基地 ——日岛

网箱养殖

养殖海区

员工作业

--体化的养殖基地

几年来，威海的水产品产量稳定超过200万吨，一直居于全国地级市首位。在优势资源的基础上，威海开始在现代渔业、食品等方面加大力度，渔业开发转向生态高效并致力于品牌打造，由近海向远洋、由粗放养殖向海珍品养殖、由粗加工向深加工逐步转变。

据了解，目前，威海海洋食品、药品、保健品等"海洋三品"的加工能力达到年300万吨，高附加值的海洋产品发展到400多个品种，各类海产品名牌有30多个，数量居山东省首位，海产加工产值占渔业经济总收入的40%，已经成为渔业经济的支柱产业。

第三章　诡异的自然奇观

智慧导航

　　大自然是多姿多彩的，它充满了各种神秘的色彩，同时那众多的奇观、谜团又常常困扰着我们，需要通过科学

的探讨和研究才能解开谜底。而自然是上天赐给我们的礼物，我们需要了解、懂得与尊重。

一、探秘"中国死海"

小风铃探究

在我国的山西省运城市内有一个传奇的湖泊，据说这个湖里没有任何鱼类生存，而每逢夏秋季节时湖水还会变成深红色，这看似风平浪静的湖面还经常发生怪异的事情。这些现象到底是真的还是假的呢？这个神奇的湖泊背后又隐藏着什么不为人知的秘密呢？

地理名片

这个神秘的湖叫河东湖，位于山西省西南部运城以南，是山西省最大的湖泊，也称"运城盐湖"。河东湖自古以产盐著名，是个古老而又典型的内陆咸水湖。

　　咸水湖是指湖水含盐量较高的湖泊（一般以1%以上为咸水湖）。通常是湖水不排出或排出不畅，蒸发造成湖水盐分富集形成的，故多形成于干燥的内流区。中国境内的咸水湖有青海湖、罗布泊、纳木错等。

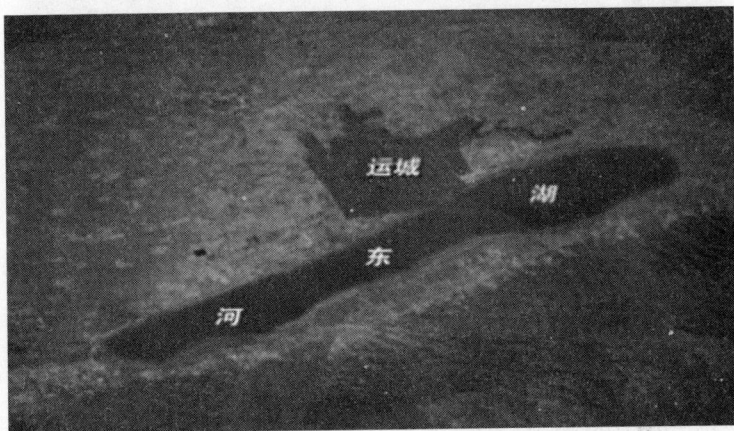

河东湖全景

河东湖这些奇异的现象到底隐藏着什么奥妙呢？

眼镜爷爷来揭秘

谜团一，鱼类为什么不能在河东湖生存？

　　现象的验证：

　　为了验证这个传说的可靠性，研究小组进行了调查研究。首先从河东湖里采集一定量的湖水用于养金鱼，令人惊讶的是金鱼不到30秒就死亡了。

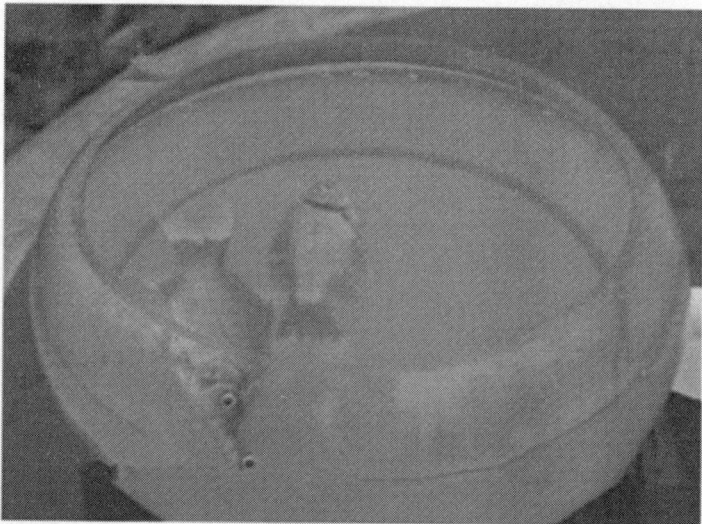

实验揭秘：死亡的金鱼

金鱼的快速死亡，是不是因为湖水有毒呢？为此，研究小组再次采集湖水，经过检验，没有发现任何有毒物质。但是另一个数据却引起了大家的注意，经过科学测验，湖水的含盐度竟然达到30%-35%。我们知道，一般淡水的盐度是接近0，即使是海水也仅有4%。所以在含盐量如此高的湖里，鱼类肯定无法生存。正因为如此，河东湖也被称为"中国死海"。

谜团二，夏秋季节湖水为什么变红？

红色的河东湖

　　河东湖在春季和冬季湖水清澈，但是在夏季和秋季却变成了红色。我们知道，一般湖泊水变色是由于水体受到污染，但是在河东湖附近，没有发现污染源。所以要彻底解开湖水的奥秘，还得从湖水本身出发。为此，研究小组在湖水泛红的时期采集了典型的水样，经过近距离的观察，终于揭开了事实的真相。

　　原来躲在背后的"凶手"竟然是湖水里的一种生物。这种生物叫做盐虫，盐虫也叫卤虾，体长不到5毫米，只能在超过25%的高盐度的水下生活，专门吃盐类成分。因为盐虫本身是红色的，当大量积聚的时候，湖水就呈现出红色。

盐虫

智慧卡片

运城盐湖

在封建社会，运城盐湖的盐税曾占全国财政收入的八分之一，为中华民族的生息繁衍做出过重大贡献。运城盐湖可同闻名于世的以色列死海相媲美，湖中的黑泥蕴含七种常量和十六种微量元素。湖水中可以人体泛舟，湖中黑泥可以美肌活肤，所以运城盐湖被誉为"中国死海"。运城盐湖实在是一处不可多得的集文化、健身、旅游、娱乐、休闲为一体的旅游胜地。

考考你

你听过著名的死海吗？死海和河东湖的盐度为什么如此高呢？

跟我一起来游览

美丽的自然景观

盐湖既有死海的神奇，又有死海无法比拟的景色。这里水草丰富、芦苇茂密、生机盎然，湖内银岛奇景是常年展现满眼的硝堆，远看如皑皑的雪山，环绕盐湖的数十平方公里湿地常年栖息着数十种候鸟。

日出时候波光粼粼的湖面

黑翅长脚鹬在山西运城盐湖上飞翔

盐水漂浮

运城盐湖的湖水像死海的水一样含有丰富的盐分。当人入水后可自然浮起，水不没腹，可以手抱双腿，坐于水中，甚至还可以撑开花伞，手抚书卷，"枕波而读"。据研究，人的身体漂浮在含有高浓度矿物质的湖水中，不仅身体可以得到自然的养护，心灵也可以得到自然的陶冶。

盐水中漂浮

有关专家认为半个小时的漂浮相当于沉睡8个小时，它能使左右大脑相互协调，头脑清醒而富有创造力，减轻思想与身体的紧张感，使人精神焕发，精力充沛。由于水中富含矿物质，常在水里漂浮浸泡可以治疗许多慢性疾病。例如，浸泡在盐水里，风湿性关节炎等关节肿胀症状会因此消退。但是人在漂浮过程中，身体中的水分会被交换掉，所以盐水漂浮时间不能太长，漂浮以后要注意及时补充水分。

盐湖中"戏水"

黑泥沐浴

据研究，死海的黑泥以氯化物为主，而运城盐湖的黑泥则以硫酸盐为主，两者都富含有益于人体的矿物质元素。矿物质经皮肤吸收，还可以增加血管收缩的力度，增强人体的免疫系统。利用富含矿物质的盐湖湖底黑泥进行洗浴，美容和皮肤治疗作用明显。

游客置身于运城盐湖浴场，可充分享受黑泥洗浴，将盐湖黑泥均匀地敷抹在身体除眼睛、嘴唇等以外的部位，可使黑泥中丰富的矿物质渗入皮肤的皱纹和毛孔中，这样不仅可以清洁皮肤、消炎、去皱、杀菌、快速治愈小伤口，祛除皮肤的多余油脂和角质层，修复凹凸不平的表皮，收敛粗大的毛孔，促使皮肤新陈代谢，还可以减肥。黑泥沐浴的美容保健作用已经受到越来越多游客的青睐。

智慧卡片

矿物质是构成人的机体组织不可缺少的成分，也是维持正常人体生理功能所必需的物质。它无法自身产生、合成，必须从食物和饮用水中或通过其他途径摄取。矿物质和维生素一样，是人体必需的元素，每天矿物质的摄取量也是基本确定的，但随年龄、性别等因素有所不同。人体必需的矿物质有钙、磷、镁、钾、钠、硫、氯7种，其含量占人体0.01%以上或膳食摄入量大于100mg/d，被称为常量元素。而铁、锌、铜、钴、钼、硒、碘、铬8种为必需的微量元素。

黑泥沐浴

二、文人雅士为何钟情于绵山？

小风铃探究

绵山位于山西省中部，这里是古代文人雅士的隐居地。但是和山西省境内多数山峰不同，绵山到处是高达上千米的悬崖峭壁，山下是万亩良田，下山采购物品极不方便，在食物严重匮乏的大山深处，文人隐士是怎么生活的呢？为何他们会选择在我们看来不适合居住的大山之中隐居呢？他们又是怎么解决最基本的生存问题的呢？

地理名片

绵山，又称介山。它地处汾河之阴，最高海拔2566.6米，相对高度1000米以上，集水光山色、文物胜迹、佛寺神庙、革命遗址于一体，是山西省重点风景名胜区，国家4A级风景名胜区，中国历史文化名山。

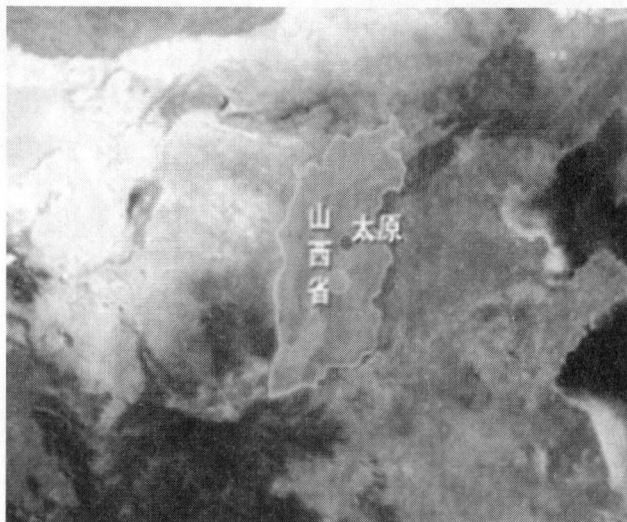

绵山的地理位置

绵山风景区的大门

眼镜爷爷来揭秘

绵山到处是悬崖峭壁，古代的文人雅士却在这里过着与世隔绝的隐居生活。像北魏地理学家郦道元曾来这里居住考察，唐太宗李世民曾来这里求雨，大诗人贺知章在绵山吟诗作赋。

郦道元　　李世民　　贺知章

据了解，进山的唯一通道，就是不足一米宽的山间小道。如此险要的地势和与世隔绝的环境，古代先人是如何解决食宿问题的呢？

陡峭的山峰

唯一的山上通道

谜团一，如何解决温饱问题？

据了解，绵山虽然山势陡峭，多悬崖绝壁，但是苍松翠柏，树木荫翳，植被覆盖率达到90%以上，自然景色非常优美。在山上，人们发现了十几种野生山果，像野山梨、野生猕猴桃、野山桃、山葡萄、野石榴、野杏等。这些山果都是天然野果，营养丰富，可直接食用。看来，独特的植被覆盖孕育出了绵山独特的野生动植物资源，依靠这些资源，隐居在此的古人解决食物来源是不成问题的。

山樱桃

山桃

野生猕猴桃

野生山葡萄

野山楂

谜团二，如何解决住宿问题？

绵山峭壁林立，岩石裸露，很难找到适合居住的场所，古代隐士会选择什么样的地方遮风挡雨，长期居住呢？经过观察发现，他们选择在独特的岩石山坳居住。据当地人介绍，绵山夏天凉爽，冬天温暖，很少结冰。我们知道绵山的植被覆盖率高，夏天凉爽是显而易见的，但是在冬天，特别是在山上，怎么会温暖呢？

岩石山坳处的住处

独特的地形，独特的山坳，先人们的选择是非常明智的。为什么冬天是温暖的？下图为您做详细介绍：

先人们选择在山坳处，坐北朝南，采集阳光较好。

裸露的岩石在白天接收太阳光后，热量储存到岩石里头。

到了晚上又把热量散发出来，房屋又吸收了热量，加上山坳是背风的一个弯，因此冬天当然暖和。

由于绵山独特的气候，形成了冬暖夏凉，适宜居住的山坳，山上茂密的植被又提供了充足的自然果实，山区的小气候又为这里提供了丰富的水源，所以成为了文人雅士的隐居胜境，桃花源地。俗话说：靠山吃山靠水吃水。神

奇的大山还有很多奥秘，等待着我们去发现。

考考你

中国的中西部干旱少雨，特别是像绵山处于黄土高原的边缘，为什么植被覆盖率这么高呢？

小故事大智慧

"割股奉君"的故事

两千多年前的春秋时代，晋国贵族介子推跟随晋公子重耳逃亡十余年，曾在饥饿时割下自己大腿上的肉给重耳吃。19年后，重耳返国为君，成为春秋五霸之一。晋文公重赏功臣，唯独忘了介子推。介子推认为自己顺应天命辅君复国，不愿再同那些邀功争赏之人同朝为伍，便携老母隐居到介休绵山之中。晋文公听说后羞愧莫及，便亲自来到绵山却寻而无果。晋文公无奈，下令放火烧山，本想把他逼出来，但是，奸臣却故意陷害，四面烧山，直到大火熄灭，才发现介子推母子相拥被烧死在一棵大柳树下。晋文公悲愤交加，为了悼念介子推，下令将绵山改为介山。并且文公下诏，清明节前一天，即介子推被焚的日子，不许烧

火，家家户户只能吃冷饭，谓之"寒食节"。

割股奉君

随着时间的推移，唐朝时期寒食节已经成为一年中最重要的节日之一。寒食节本来是清明节的前一天，但发展到唐代后期，逐渐演变为一个节日。寒食节历经两千多年，最终发展为四海同祭，生者展孝，祖先享食的盛大节日。

介子推母子雕像

跟我一起来游览

美丽的自然景观

绵山之所以享誉海内外，千百年来登临者络绎不绝，在于它步步有景，景景有典。北魏郦道元《水经注》所述"绵山石桐水"千回百转，飞流激荡，依次形成了五龙瀑、水帘洞等形态各异的瀑布群。

此山此水即使在名声显赫的三山五岳也难寻觅。全国柏树之冠——秦代古柏以及龙柏、虎柏、兔柏、鹿柏和原始柏林，组成了一个仙境般的"柏树王国"。

形态各异的瀑布

宏浑的人文景观

天下名碑——《大唐汾州抱腹寺碑》和宋、金、元等历代碑刻，以及云峰寺石佛殿、马鸣菩萨殿、明王殿和天桥须弥殿、五龙峰五龙寺的大量宋代之前及宋、元、明雕塑异彩纷呈，颇具文物价值。

东汉古刹铁瓦寺、三国曹魏抱腹寺、北魏鸾公岩和唐代回鸾寺等诸多寺院，以及建筑面积为三万多平方米的华夏第一观——大罗宫，寺庙的古老、众多和宏伟也为其他名山所不可比拟。

各种寺院

大罗宫

三、寻找"海上天桥"

　　某天早上，人们在锦州湾的海边玩耍，茫茫的大海一望无际。随着夜色逐渐退去，当海浪退潮时，人们惊奇地发现，海中有一条路，而且直接通向了海中的一座小岛，于是人们小心翼翼地沿着这条路向小岛走去。下午正要返回对岸时，令大家意想不到的是，来时的海中之路不见了，难道是大家记错了地方吗？随后无论人们怎么找，依然未见"海上通道"现身，岛的四周仍然只是一片茫茫大海。这座海上"天桥"为什么会消失呢？

神奇的海上天桥

地理名片

　　这座神奇的海上天桥位于我国东北辽宁省西部，渤海锦州湾中，锦州湾与辽西走廊平行，由东北向西南延伸。天桥连接陆地与海岛，这座岛是近海中一个连陆小岛，岛上三峰，形如笔架，故称笔架山。小岛南北长1120米，东西宽220米，海拔78.3米，面积1.2平方公里。

笔架山岛景区大门

眼镜爷爷来揭秘

锦州具有百余千米的海岸线，因采桑织锦素有锦绣之州的美誉。海上之路就位于笔架山岛附近。

关于天桥的说法最多的就是明代时期人工修建而成。但是据可靠的历史资料显示，早在明代，天桥就已经存在了，明代修建的说法是不可能的。而且如果没有特定的自然条件，天桥还是无法承受长期的海水冲刷和海浪冲击的。那天桥究竟是怎么形成的呢？

正当大家困惑的时候，人们发现了海面的一些变化，涨潮时海浪很奇怪，海浪从天桥的两侧向中间汇集，这种海浪的变化是否隐藏着一种巨大的力量，是不是海水的运动将石头搬运成海

上天桥的呢？那石头从何而来呢？

谜团一，石头从何而来？

人们发现，海上天桥的石头都是有棱有角的，跟人们经常在海滩上看到的圆滑卵石不一样。

圆滑卵石

天桥的石头

人们发现，天桥上的砾石跟笔架山岛沿岸的砾石很相似，于是研究小组研究了岛上的石头，众多疑惑也随之被解开。

海上天桥的砾石

原来，由于岛上岩石经过长时间的风吹日晒，风化程度比较严重，岩石疏松、崩塌，然后脱落下来，再由海浪进行搬运，不断地脱落到海里。但是岛体本身不是很大，笔架山上脱落的岩石能满足大量石头堆积的需要吗？

笔架山的砾石

根据笔架山岛的地貌及其变迁，若干年前的笔架山岛比现今的笔架山岛要大一些，由于每年的风化作用，经过成百上千年的积累，就产生了大量的碎石，笔架山岛也在不断地缩小，那这些岩石是怎么从岛上来到岛与岸之间堆积成一条路的呢？

谜团二，石头如何从岛上跑到对岸呢？

涨潮时，海浪从南向北奔涌而来，它前进的方向本来是南北走向。

当海浪遇到笔架山岛的阻碍后，海浪夹着大量岩石从笔架山岛的两侧迂回。

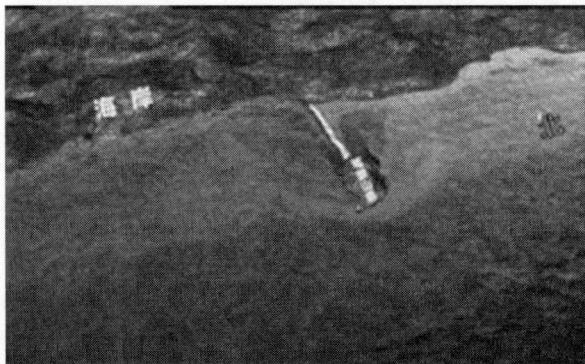

海浪到了岛的北侧就使潮水运动方向发生改变，海浪变成从东西两侧向中间相对冲击。

由于天桥的高度正好处于最高潮位和最低潮位之间，所以，天桥在退潮时露出水面，涨潮时又被淹没在水中。

　　由此可见，天桥的形成是多种作用的巧合。首先，潮水遇笔架山被分开，并不断冲刷着岛的两侧沿岸，致使大量的砾石脱落。当潮水迂回到岛的北侧后，海浪便从天桥的两侧向中间汇集。所以，海水的运动将石头搬运成海上天桥。

第四章　地理名人轶事

智慧导航

　　每一个地理学家的背后都有一段不为人知的故事，它或许动情、或许感人、或许苦涩。虽然他们的人生历程有些不尽如人意，但是他们的那份执著、认真、努力将永远

值得我们学习。

一、一生行走的学者——徐霞客

小风铃探究

自2011年起，每年的5月19日为
"中国旅游日"，这是《徐霞客游
记》开篇的日子。中国旅游日活动将
每年推出一个主题，2011年中国旅游
日活动的主题是"读万卷书、行万里
路"。徐霞客究竟是何许人也？他的
著作为何如此"受宠"？他为中华文
化作出了什么贡献呢？

中国旅游日标记

名人名片

徐霞客，今江苏江阴市人，明代
地理学家、旅行家和文学家。徐霞客用
一生的时间游历四方，考察地理事物，
踏遍我国19个省市，对我国的河流、地
形、地貌、风土人情的考察做出了卓越

贡献。他经30年考察撰成的40万字的《徐霞客游记》，开辟了地理学上系统观察自然、描述自然的新方向。

眼镜爷爷来揭秘

漫步人生路

少年立志

徐霞客出生在江苏江阴一个有名的富庶之家。祖上都是读书人，称得上是书香门第。徐霞客受父亲影响，喜爱读历史、地理和探险、游记之类的书籍。在刻苦攻读的过程中，他发现以前的地理书籍，多半讲疆域沿革、风土人情一类的事，对山川自然风貌总是含糊其辞，闭门造车，

少年徐霞客

很少亲自外出考察。他暗下决心，一定要踏遍华夏山河，通过实地考察，校正古书谬误，为后人了解祖国地理地貌提供准确的资料。临行前，他嘱咐家人道："你们就当我已经不在人世了，自己好自为之。"表示了自己献身科学的决心。从此，他踏上了艰难的旅程。

游览历程及路线

徐霞客游历的各个阶段：从22岁起，徐霞客开始了游历考察生涯。三十多年间，他先后四次进行了长距离的跋涉，足迹遍及相当于现在的江苏、浙江、山东、河北、山西、陕西、河南、安徽、江西、福建、广东、湖南、湖北、广西、贵州、云南和北京、天津、上海等19个省、市、自治区。

徐霞客游历路线

艰难重重的游历

徐霞客在游历考察过程中，曾经三次遭遇强盗，四次绝粮。出游不久，就在湘江遇到强盗，行李、旅费被洗劫一空，人也险些丧命。有人劝徐霞客不如回去，但他却坚定地说："我带着一把铁锹来，什么地方不可以埋我的尸骨呀！"徐霞客继续顽强地向前走去。

没有粮食了，他就用身上带的绸巾去换几竹筒米；没有旅费了，就用身上穿的夹衣、裤子去换几个钱。重重的困难被踩在脚下，他终于达到了自己的目的。

更为可贵的是，徐霞客在野外考察生活中，每天不管多么劳累，都要把当天的经历和观察记录下来。有时跋涉百余里，晚上寄居在荒村野寺之中，或露宿在残垣老树之下，他也要点起油灯，燃起篝火，坚持写游历日记。一生先后写了2000多万字的游记，为后人留下了珍贵的地理考察记录。

徐霞客的考察探险活动，持续进行到公元1640年他55岁的时候。当时，他正在云南，不幸身患重病，被人送回江阴老家，第二年就去世了。可以说，徐霞客把自己的毕生精力献给了祖国的地理考察事业。

小故事大智慧

1637年正月的一天，徐霞客来到湖南茶陵以西的一个小镇。在客店吃饭时，他向店主打听道："老哥，不知去麻叶洞怎么个走法？"店主一听"麻叶洞"三个字，脸色顿时大变，惶惶然回答说："快不要提麻叶洞，里面的妖精

101

年年作怪，有两个书生不听劝，进去就再没出来！"

徐霞客听店主这么一说，游兴反而大增。好不容易盼到天明，立即按照打听的路线直奔麻叶洞而去。到得洞口，四下一看，只见奇峰高耸，怪石嶙峋，那麻叶洞在松柏掩映之下，隐约可见。好个险恶去处！他不慌不忙，徐徐点燃手中火把，便向黑洞钻将进去。那洞口甚是狭窄，仅容一人通过。洞内冷气袭人，阴森可怖，不时有水珠冷不防滴在颈上，令人毛骨悚然。也不知七拐八弯走了多少时间，只见侧面突然有一丝亮光，徐霞客忙绕了过去，随即被眼前的奇景惊得目瞪口呆：头顶的巨石上，齐刷刷裂开一丝狭缝，阳光从缝隙中射入，把洞中的景象映得宛如仙境一般。朦胧中，但见根根石柱从洞顶垂下，棵棵石笋从地上生出，千姿百态，变化万千，令人目不暇接。

徐霞客心中明白，这是流水侵蚀岩石，溶化在水中的石膏（碳酸钙）逐渐凝结而形成的。像这样奇特的景观，他还是第一次见到，不觉暗自庆幸，亏得没听店主的话，否则岂不遗恨终生？

荣誉榜

徐霞客一生行程数万里，把汗水撒在了大半个中国的土地上。他的心血，凝成一部不朽的巨著——《徐霞客游记》。这部游记，是徐霞客30余年旅行考察的真实记录。他不仅用优美的文字生动、准确、详尽地记载了祖国丰富的自然资源和地理景观，而且对一些自然地理现象做出了许多超越前人的科学论断和解释，揭示出不少合乎科学的自然规律，具有极高的科学价值，为后人的研究提供了极其珍贵的资料，被人称为"古今游记第一"。

各种版本的《徐霞客游记》

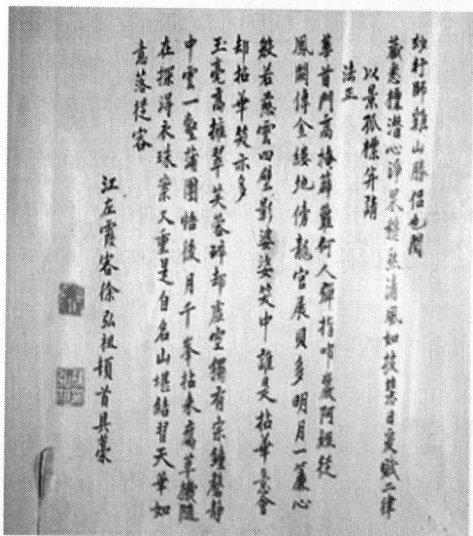

李约瑟赞叹：《徐霞客游记》并不像是17世纪的学者所写的东西，倒像是一部20世纪的野外勘察记录。

在我国的历史上，还有很多像徐霞客一样用自己的脚步探索或跨越广阔世界的"伟大行者"。在每一个中国旅游日即将到来之际，让我们历数那些历史上的先贤，作为对"中国旅游日"的致敬。

跟我一起来游览

徐霞客故居

徐霞客故居在江阴马镇南岐村，现有三进、两厢房，为明式建筑。

大门正面悬"徐霞客故居"匾额，两边立盘陀石。

徐霞客雕像

入仰圣园，见毛泽东语"我很想学徐霞客"
（1959年4月5日）

幽静的故居

胜水桥，据传是徐霞客当年出游船只停泊处，此桥亦有400年左右的历史

南阳亭

小故事大智慧

徐霞客19岁时，父亲病逝，当时母亲年已60，按封建礼教：父母在，不远游；孝子不登高，不临深。更何况，老母已60，还有，徐霞客早年丧妻，留下一个3岁儿子，也需要照顾。

在这种情况下，徐霞客出游愿望再强烈，也不好向母亲提出来。然而，徐母却坚决支持儿子的行动，鼓励他出家旅行，去完成遍游祖国壮丽河山的宏愿。她激励儿子说："身为男子，志在四方，羁留家园，一如篱内小鸡，车辕小马。"徐霞客得到母亲的支持，坚定了旅行考察的决心。临行前，母亲为他整理行装，还特意为他缝制了一顶"远行冠"。

徐母教子的石像

徐霞客每次探险归来，总要给母亲讲述途中的情景，母亲总是十分高兴地认真听，并鼓励儿子不要畏惧艰险，要继续前进。其实，母亲是十分思念儿子的，也希望儿子能留在自己身边。曾有一次，徐母听到儿子夜归叫门之声，竟高兴得顾不上点灯，乱束腰裙，急忙去开门。

1624年，徐母已经80高龄了，为了减轻儿子出游时对她的挂念，还特地陪同儿子一道游览了荆溪和勾曲。而且总是走在儿子前面，用行动表明她还康健，无需牵挂。两年后，老人与世长辞了。

考考你

外面的世界如此精彩，你是否想像徐霞客一样，踏遍海角天涯呢？

二、把天管起来——竺可桢

小风铃探究

沧桑鼎革，人在灯火阑珊中。竺可桢却不是转圜如莲转的人，过去他是浙大的校长，为何学生却热情地呼之为"民主保姆"？为何毛泽东对他说：你管天我管地？为何竺可桢拒绝蒋介石的赴台邀请？竺可桢到底是何许人也，为何他得到如此多人的重视、信赖与拥护？

名人名片

竺可桢（1890年－1974年），浙江上虞人。中国卓越的科学家和教育家，当代著名的地理学家和气象学家，中国近代地理学的奠基人。他先后创建了中国大学中的第一个地学系和中央研究院气象研究所；担任浙江大学校长13年，被尊为中国高校四大校长之一。

眼镜爷爷来揭秘

漫步人生路

竺可桢怀着"科学救国"的理想，1920年，从美国哈佛大学回到了祖国。当时国内军阀混战，民不聊生，科学事业无从谈起，和竺可桢一道回国的70多人，大多数改行经商或从政做官了。但竺可桢抗拒了世俗观

青年时期的竺可桢

念的诱惑，谢绝了朋友的好意，毅然选择了研究气象的工作。

竺可桢于1927年应蔡元培之聘，出任中央研究院气象研究所所长，负责筹建中国的气象设施。当时，国内由外国人控制的海关及外国教会所设气象台一统天下，并且主要为外商在华航运等事业服务。而东邻日本气象台制作的日本气象表，竟然把中国的沈阳、长春、天津、南京、杭州、台湾与日本的神户、大阪同列一行，简直把中国的气象当做日本的气象了。

国家的主权和利益，民族的尊严，激励着竺可桢等第一代中国气象工作者们呕心沥血，快马加鞭，他们于1928年在南京北极阁建成全国第一座气象台，并陆续在各省建立了数十个气象站，其中包括1935年建成并一直工作到上世纪50年代的拉萨气象站。

小故事大智慧

滴水石穿的故事

沙沙沙，沙沙沙，下小雨啦！竺可桢搬来小板凳坐在门口，出神地望着房檐上滴答的小雨滴，轻轻地数着："一、二、三、四、五……"他发现了什么奇迹，房檐下的大石板上怎么有一个一个的小坑呀？小水滴下正好滴在小坑里，"叭叭叭"地响。他去问妈妈，妈妈说："孩子，这叫滴水穿石，别看小小的雨滴没有什么了不起，可是日子久了，大石板上就被滴出一个个小坑来了。"妈妈又说："读书，做事情，都是这个道理，只要坚持下去，就一定能成功。"

竺可桢记住了妈妈的话，后来他专门研究气象，天天坚持观察气候的变化，成为中外有名的气象学家。

1936年4月，他担任浙江大学校长，历时13年。他以"求是"为校训，明确提出中国的大学必须培养"合乎今日的需要"的"有用的专门人才"的进步主张。

1945年，竺可桢在第18届浙大毕业典礼上为浙大师生留下了名为《大学生之责任》的赠言——在现代世界学生得认清三点：（一）知先后；（二）明公私；（三）辨是非。

浙大竺可桢老校长铜像

文军长征

小故事大智慧

你管天我管地

毛泽东读了竺可桢的文章后很高兴，邀他到中南海面谈，幽默地说："我们两个人分工合作，就把天地都管起来了！"留学回国后，他看到中国没有自己的气象站，气象预报和资料竟由各列强控制，便著文疾呼："夫制气象图，乃一国政府之事，而劳外国教会之代谋亦大可耻也。"在抗战爆发前的十余年间，他靠着水滴石穿的韧劲，不辞辛劳地在全国各地建立了40多个气象站和100多个雨量观测站，初步奠定了中国自己的气象观测网。

解放前夕，蒋介石许竺可桢以高位，要他去台湾，遭断然拒绝。

论个人恩怨，蒋氏父子对竺可桢不薄，他任浙江大学校长就是蒋介石亲自选定的，他与蒋经国的私交也非一朝一夕。但是在大是大非面前，他还是作出了明智的抉择，答复蒋经国说："谢谢总裁的好意。经反复考虑，我想，还是不必去了。""为什么？"蒋经国愕然。竺说："大势已去，你想想，区区孤岛，弹丸之地，还能维持多久呢？""不要悲观，时局决非就是如此。"蒋经国继续不厌其烦地劝说，竺可桢仍不为所动。

蒋经国知道竺可桢的性格，估计再说下去，也不会有什么效果，遂欲起身告辞。不料竺可桢却站了起来，笑容可掬地把蒋经国按回沙发上坐下说："想当初，先生14岁出国苏联，28岁才回到祖国，在西伯利亚的冰天雪地里苦度了14个春秋，记得你回到祖国时，抓起一把土贴在胸前久久不放，人非草木，孰能无情。故土故乡故人，难离难分难舍啊！"

蒋经国完全理解竺先生的一语双关，丹心昭然。竺可桢进一步道出肺腑之言："今日之事，我不能无动于衷，如果你有勇气，我看你也不必去台湾了。"蒋经国身负使命，以双重身份来劝老朋友去台湾，不仅没能劝说成功，反而受到对方回劝。

荣誉榜

中国气象事业奠基人

竺可桢在开创中国气象教育事业，筹划组建早期的中国气象观测网，特别是创设高山、边远地区的气象站，开展中国高空探测和天气预报业务，组织编印中国气候资料等方面，做出了卓越的贡献。

泰山气象站：我国第一个高山气象站，位于泰山顶峰，被人们称为"风云前哨第一站"。

上世纪20年代，他创建了气象研究所。竺可桢长期搜集整理古代有关物候的文献，并依据历代物候记载，研究中国五千年来的气候变迁，其成果对气候变化研究有着重要贡献。

竺可桢共发表论著270余篇，属于气象方面的重要论著还有：《中国气候区域论》、《中国气流之运行》、《东南季风与中国之雨量》、《物候学》等。

中国最早的现代气象台——北极阁气象台新颜

跟我一起来游览

竺可桢纪念馆

纪念馆位于竺可桢的老家浙江绍兴市。整个纪念馆主要由前言、"竺可桢生平"、"为中国现代气象事业奠基"、"高风亮节 科学精神"、"我国气象事业发展成就"、"竺可桢的科普作品"、"时代需要更多的竺可桢"几部分组成。

气象科普一角

竺可桢的生平介绍

三、地理学界的泰斗——南胡北黄

　　1930年代，地理学界有"南胡北黄"之说，江南以胡焕庸教授为首，北方以黄国璋教授为首。

名人名片

　　黄国璋（1896-1966），湖南湘乡人，地理学家、地理教育家，是发展中国近代地理学的先驱者。他较早引进西方先进的地理科学，对中国地理学的发展起了重要的作用。首创中国地理教育刊物，如《地理学报》、《地理教学》、《地理》等，热心开展地理学学术研究与普及工作，是中国地理学会创始人之一，也是中国第一个地理研究所的领导人。

黄国璋

　　胡焕庸（1901-1998），江苏宜兴人，是一位耕耘不息的地理教育家，是我国近代人文地理学、自然地理学的重要奠基人。他在培养地理人才，创建研究机构、学术团体、学术刊物等方面都作出了重要贡献。

胡焕庸

漫步人生路

胡焕庸

胡焕庸在中学毕业的时候，正值"五四"运动的高潮。这是一个社会剧烈动荡、国家前途未卜的时代，是呼唤青年人关心国家前途和世界形势的时代。在这样的时代背景之下，青年时代的胡焕庸决心走上地理学和地理教育的道路。

1927年，胡焕庸在中央大学地理系任教，是一位治学广博的地理学家。在20世纪30年代，胡焕庸发表了《中国人口之分布》，第一次用等值线的方法，绘制《中国人口密度图》。

黄国璋

1926年，黄国璋怀着振兴中国地理科学，改进中国地理教学的志向，毅然踏上赴美留学之路，成为我国出国学习经济地理第一人。

毕业后，美国的一些学校留他教学，并提出了丰厚的待遇，但他都一一谢绝。他说："中国是我的祖国，我为祖国的需要来学，学到手了就要回祖国去服务。"

1929年，他被聘为南京中央大学地理系教授，后兼北平师范大学地理系教授。此后近40年，他为国家培养了一代又一代的地学栋梁，是我国创办大学地理系最多、担任系主任时间最长的地理学教育家。

考考你

你还知道哪些海外留学的学子为报效祖国而拒绝外国的丰厚待遇的感人事迹呢？

荣誉榜

胡焕庸

1934年，胡焕庸率青年教师考察苏北的水利和盐垦工作，并开始系统地研究人口地理学，发表《中国人口之分布》，编制了中国第一张等值线人口密度图，以黑河—腾冲线分全国为东南和西北两半壁，被称为"胡焕庸线"，对中国经济布局、民政建设、交通发展很有参考价值。胡焕庸是中国人口地理学的创始人。

胡焕庸线是关于中国人口地理分布密度特征的一个经典模型。此线北起黑龙江省黑河，南达云南省腾冲，把中国人口划分为两个密度特征区。

中国人口密度
1:50 000 000

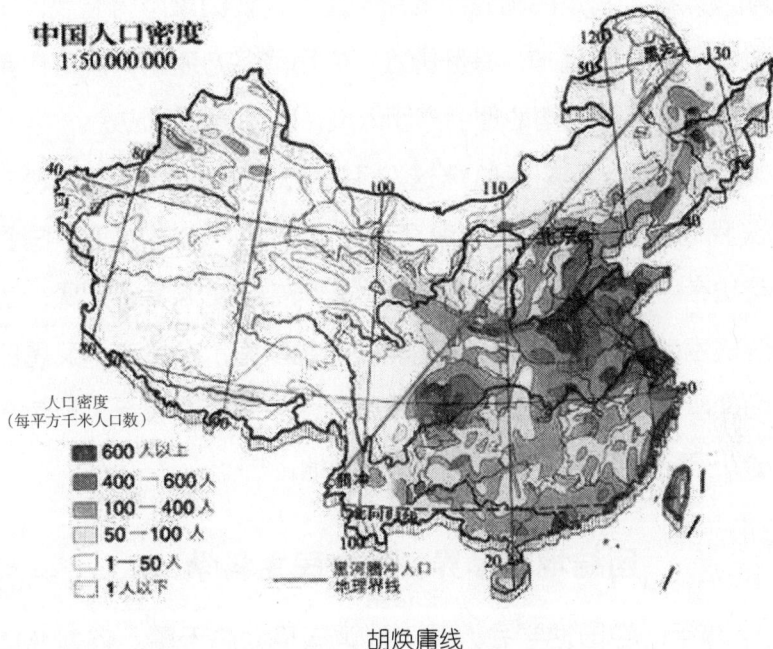

人口密度
(每平方千米人口数)
- 600 人以上
- 400 — 600 人
- 100 — 400 人
- 50 — 100 人
- 1 — 50 人
- 1人以下
—— 黑河腾冲人口
地理界线

胡焕庸线

黄国璋

为国保土察地理

1931年"九·一八"事变，日寇的铁蹄蹂躏我国东北三省，南京的大街小巷，涌动着东北的入关难民。蒋介石寄希望于国联调解，英国趁机借口缅甸和我国云南西部的南北未定界悬案，攫取我国班洪银矿区。当时我国边界地理不清，外交争执难有依据，须组织实地调查考察，绘制山川形势地图，确定两国边界。

黄国璋得知此消息，对英帝罪行十分气愤。他慷慨激昂地说："如今日寇侵我东三省，英国又在云南边疆打我们的主意，真是欺人太甚。我是民国时期的留学生，只要国家用得着我，一定要发扬先辈爱国精神，共赴国难。"后经各方联系，决定由黄国璋教授负责筹组云南地理考察团入滇，黄国璋欣然应命。

考察历时半年，在总结这次考察时，黄国璋兴奋地说："这次我们看到，这里的热带资源原封未动，自古就是中国领土。英法帝国主义向远东掠夺缅甸、安南热带资源贪得无厌，犹凯觎这块宝地。西双版纳因位在北回归线以南，热量充足又属印度洋西南季风范围，北有高原屏障寒潮，东南距海较远，可免台风袭击，是今后栽培热带植物的理想宝地。"

团结地理学界，致力民主科学

1936年，中国地学会改组，推黄国璋为总干事。他为《地学杂志》内容的革新和编辑工作，倾注大量心血，并取得显著成效。

1944年底，积极参与组织民主科学座谈会，并进而发起组建"九三学社"。

第五章　地理未解之谜

智慧导航

　　鄱阳湖是中国最大的淡水湖，这看似平静的湖面，为何屡遭不明物的袭击？

　　月亮看似如此的温柔皎洁，背后是自然灾害的罪魁祸首吗?

你想回到过去吗? 或者想穿越到未来吗? 时空隧道是天方夜谭还是真实存在呢?

一、中国百慕大——鄱阳湖水怪之谜

小风铃探究

鄱阳湖, 这个中国最大的淡水湖的北部, 有一处令当地渔民和过往船只闻风丧胆的神秘三角地带, 这便是被称为"魔鬼三角区"的老爷庙水域。多少年来, 无法统计在这块水域里有多少舟沉帆没, 仅自1960年以来, 该水域已有100多条船只神秘般地葬身湖底, 数十位船工的生命被狂啸的浊水吞噬。帆影点点, 渔舟片片的美丽的鄱阳湖果真有如人们所说, 存在水怪吗?

龙王庙水域

事故档案袋

1.日本"神户丸号"神秘失踪

    1945年4月16日，侵华日军一艘2000多吨的运输船"神户丸号"，装满了在我国掠夺的金银财宝和古玩等，顺长江入海回日本，谁知船行驶到鄱阳湖老爷庙水域无声无息地下沉了，船上的200多人没有一人逃生。驻九江的日本海军派出了一支优秀的潜水队伍来到老爷庙，这里水深最多才30多米，谁知潜水员下水后，有去无归，只一人得返。他脱下潜水服后，面色苍白，说不出一句话来，接着精神失常了。

"神户丸号"及其打捞上来的瓷片

    抗战胜利后，美国著名的潜水专家爱德华·波尔一行人来到鄱阳湖，历经数月的打捞一无所获，除爱德华·波尔外，几名美国潜水员再度在这里失踪。

40年后，爱德华·波尔终于向世人首次披露了他在鄱阳湖底失魂落魄的经历："几天内，我和三个伙伴在水下几公里的水域内搜寻"神户丸号"，没有发现一点踪迹。正当我们沿着湖底继续向西北方向寻去时，忽然不远处闪出一道耀眼的白光，飞快地向我们射来。顿时平静的湖底出现了剧烈的震动，耳边呼啸如雷的巨响隆隆滚来，一股强大的吸引力将我们紧紧吸住。我头晕眼花，白光在湖底翻卷滚动，我的三个潜水伙伴随着白光的吸引逐流而去，我挣扎出了水面。"

表面平静的龙王庙水域

2.中国船只屡次沉船事故

20世纪60年代，从松门山出发的一条渔船北去老爷庙，船行不远便消失在岸上送行的老百姓的目光之中，突然沉入湖底，十余人丧生。

1985年3月15日，一艘载重250吨、编号"饶机41838号"的船舶，凌晨六时半在老爷庙以南约3公里处的浊浪中沉没。

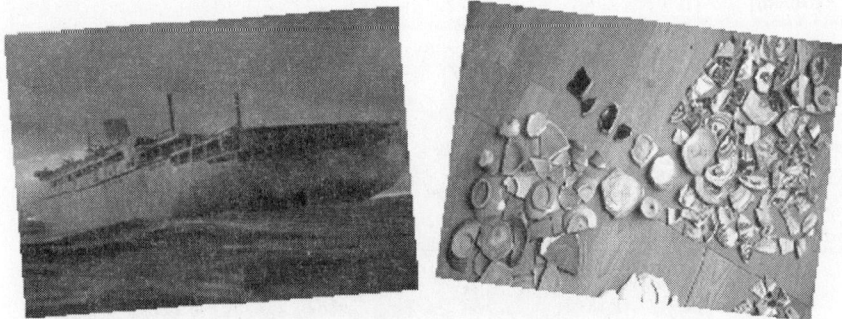

饶机41838号及打捞上来的瓷片

同年9月，一艘来自安徽省的运载竹木的机动船在老爷庙以北附近突然笛熄船沉，岸上行人目睹船手们抱着竹木狂呼救命，一个个逃到岸上后吓得魂不附体，不敢回头望浊浪翻滚的湖面。

曾夺去许多无辜生命，毁灭过许多宝贵财富的鄱阳湖"魔鬼三角"，屡屡显露杀机、制造惨案的秘密，究竟何在呢？问题似乎变得越来越令人不可捉摸，令人费解。这是个亟待解开的谜团。

传说中的作恶凶手

老爷庙水域沉船事出有因，决非偶然。这里发生的一些稀奇古怪的事引起了人们的种种猜测。

湖怪

1970年初夏，传闻在这一带水域里看到神奇的怪物，目击者说法不一，有的说是"湖怪"，像几十丈长的大扫把。有的说如同一条白龙，有的说像张开的大降落伞，浑身眼睛。

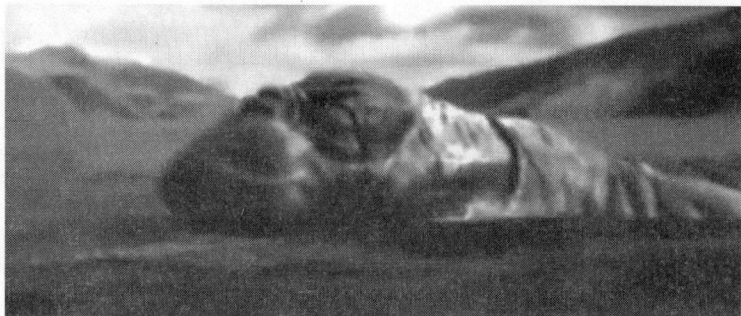

传说中的水怪

飞碟

20世纪70年代中期，黄昏时曾有人在鄱阳湖西部地区，目睹一块呈圆盘状的发光体在天空游动，长达八九分钟。当地曾将此情况报告上级有关部门，而有关部门亦未作出清楚的解释。

有人猜测，是因为"飞碟"降临了老爷庙水域，像幽灵般在湖底运动，导致沉船不断。

20世纪80年代初，老爷庙旁的都昌县型砂厂在庙背后的山上建水池，一日忽地从湖上飞来数百只乌鸦"呱呱"地吵闹个不停，把个老爷庙上空遮得像一团团滚滚乌云。

谜底揭晓

揭开老爷庙水域沉船之谜最终还得靠科学。有关科技部门和一些科技人员，对这一地区的水文、气象、地理、地质先后作了一些较长时间的观察、探测和研究，谜团逐步解开。

猜测一，水生动物兴风作浪

当地人们把甲鱼、乌龟等水族当神灵贡奉，老爷庙水域方圆100多平方公里无形之中成了湖中动物的天然保护区，帆船行至老爷庙水域，艄公燃放爆竹，其声音即为信号，把鸡鸭等供品抛入水中，湖中的动物前来争抢食物。当地渔民有时也可看到鱼群争相吞食死人的情景，任何一条大鱼或江豚（俗称江猪）掀翻帆船都有可能。县型砂矿有名职工一次乘坐"井冈2号"客轮去九江，在老爷庙北的5公里处水域，看见一条约150斤重的大鱼追赶客轮，被螺旋桨击碎头部，客轮也剧烈地摇摆不停。

巨鱼

猜测二，水流乱形成漩涡

老爷庙水域的水文情况相当复杂。

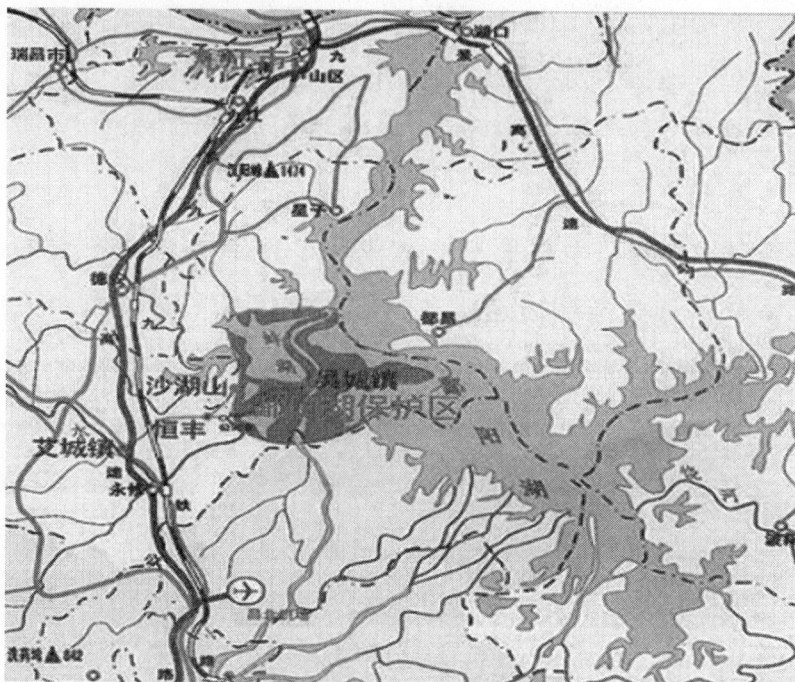

鄱阳湖五条江河水汇聚于此

吉山松门山两岛横立于鄱阳湖中，把老爷庙水域与南湖大湖体隔开，赣江北支修河从吉山西面流入老爷庙水域，而赣江中支、南支的抚河、晓河、信江汇入鄱阳湖南湖后，从松门山东面注入老爷庙水域。

几股强大的水流在老爷庙水域交汇产生涡流，这就更增加了该水域的危险性。

最近科考队员通过对老爷庙水域的长期跟拍，发现该水域下居然存在一个巨大的沙坝，使水流在湖底形成巨大的漩涡。

沙坝

猜测三，地下电磁场诱发雷电

有关专家表示经勘察，都昌镇、吉山、老爷庙到湖口一带地下均为石灰岩，其岩性钙质多、易溶，有形成地下大型溶洞群及地下暗河的自然条件，而每个溶洞每条暗河的正上方都有自己形成的奇变电磁场。1998年洪水期间，工程师用电磁技术测试老爷庙南边5公里处，结果是奇变的电磁场杂乱无章，这种状况能影响人们的大脑思维，而且会诱发阴电阳电接触产生雷电。这使沿湖一带多次发生遭雷击事件而船沉人亡。

水下设想的溶洞

猜测四，狭管形成大风和龙卷风

江西省气象科技人员1985年初组成了专门的科研小组，在老爷庙附近设立了三座气象观察站。从搜集到的20多万个原始气象数据看，老爷庙水域是鄱阳湖乃至江西省的一个少有大风区，最大风力达16级，风速可达每小时200公里，全年平均两天中就有一天属大风日，也就是说每两天就有一天风力达到6级。

这里的大风是怎样形成的呢？科研考察证明风景秀丽的庐山充当了"罪魁祸首"。

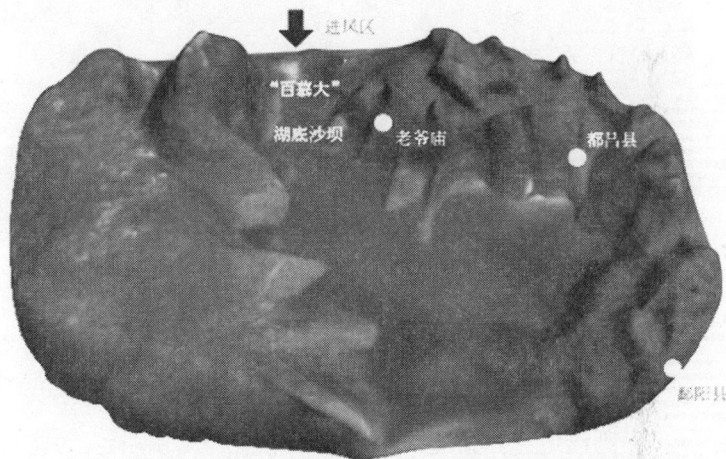

庐山改变了风向

老爷庙水域最宽处为15公里，最窄处只有3公里。3公里的水面就位于老爷庙附近。在这条全长24公里水域的西北面，傲然耸立着"奇秀甲天下"的庐山。当气流自北南下时，即刮北风时，庐山的东南面峰峦使气流受到压缩，气流的加速由此开始，当流向仅宽3公里的老爷庙处时，风速加快，狂风怒吼着扑来。风大浪大，波浪的冲击力是强大的。波浪高2米，而此时每平方米的船体将遭到6吨压力的冲击，一艘载重量20吨的船舶，波浪的冲击力则达到120吨，超出船重量的5倍。据调查显示，船舶沉没时，大多数是风起浪激作用的结果。

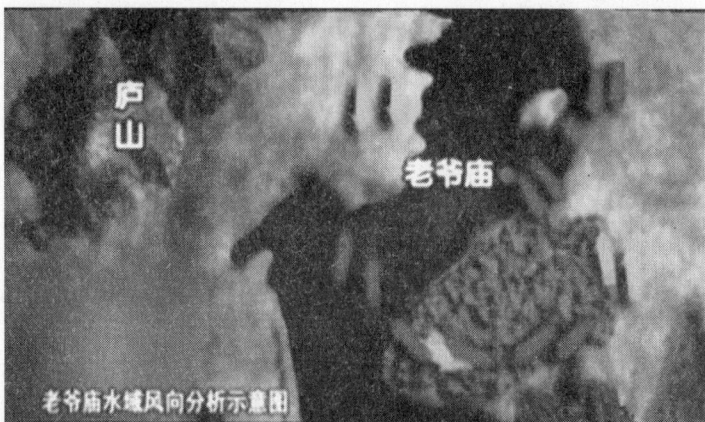

老爷庙水域风向分析示意图

猜测四，可怕的北纬30度

老爷庙水域正处于北纬30度线上。在地球北纬30度附近，有许多神秘而巧合的自然现象引起了人们的注意。

北半球的几条著名大河，如美国的密西西比河、埃及的尼罗河、中国的长江等，都在北纬30度入海。地球上最高的青藏高原上的珠穆朗玛峰和最深的西太平洋马里亚纳海沟，也在北纬30度附近，山川怪异、奇观绝景比比皆是。举世闻名的钱塘江大潮、黄山、庐山、峨眉山等都是奇异幽深的神秘境界。

珠穆朗玛峰

钱塘江大潮

美国加州"死亡谷"

　　北纬30度不仅是飞机常出事的地方，而且有很多著名的自然之谜：埃及的金字塔之谜及狮身人面像之谜、死海形成之谜、百慕大三角区之谜、美国圣克鲁斯镇斜立之谜、中国四川自贡大批恐龙灭绝之谜，等等。

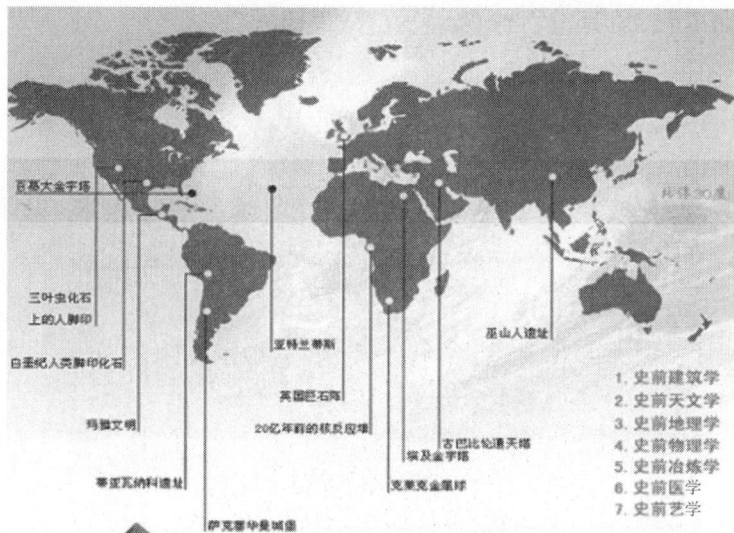

北纬30度，是那么怪异、奇绝，那么扑朔迷离……为什么北纬30度附近会出现这些怪异现象？它们是偶然的巧合还是有某种内在联系，这是无法猜透的谜。

二、都是月亮惹的祸？

小风铃探究

曾经，有人称在2011年3月19日月球将到达"近地点"，天空中将会出现一个异常巨大的"超级月亮"。月球如此接近地球，将引发巨大潮汐、火山爆发甚至地震等极端自然灾害。尤其在3月10日、11日，我国云南盈江、日本东北部海域发生地震后，更是引发猜测和恐慌。虽然这个谎言已经被识破了，但是这真的没有一点科学依据吗？

　　"超级月亮"这个术语最初由美国占星师理诺勒发明。指出2011年3月19日的满月正处"近地点"，月球与地球的距离只有35.7万公里，月亮不仅比平时更大、更亮，而且会引发严重的地震、火山爆发或者其他自然灾害。

　　"超级月亮"带来的自然灾害事件，分别发生于1955年、1974年、1992年以及2005年，而这几年全都发生过自然灾害事件：1974年圣诞节的"崔西"飓风，疯狂席卷了澳大利亚达尔文市；2005年1月"超级月亮"日前两周，印尼大海啸造成数十万人死亡；2011年3月11日在距离超级月亮仅有8天时，日本发生了9.0级大地震。

你知道吗？

1. 月亮--天天离我们远去

　　自从月亮诞生之后，它就在一天一天地远离地球。月球以每年三厘米的速度远离地球，十亿年前，它和地球的距离只有现在的一半长。月球目前距离地球大约60倍地球半径。但是，由于地球和月球之间的潮汐力的影响，月球正以每年约3厘米的速度慢慢离地球远去。

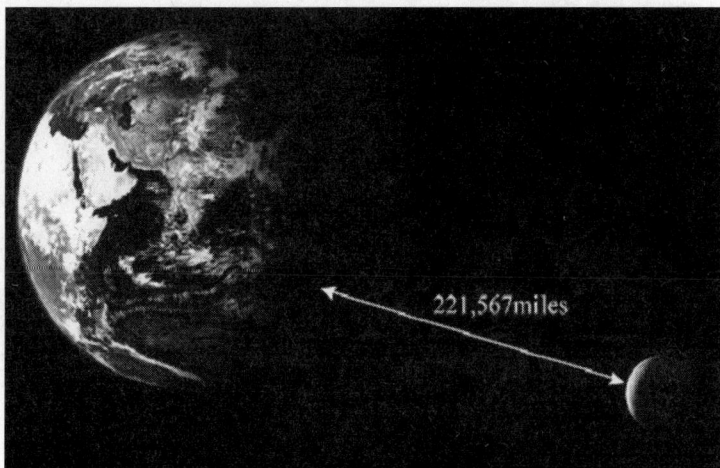

地球与月球的距离

2.地球的自转速度为何变慢?

月亮目前离地球的距离是诞生之初的16倍。如果你在45亿年前站在地球上看到的月亮会是现在的16倍。月亮对地球的影响是巨大的。40多亿年前，地球的自转速度很快，一天只有6个小时。正是月亮使躁动的地球逐渐安静下来，变成了现在的一天24小时，而这一切都是生命诞生的必要条件。

3.30亿年前，海浪有多高？

30亿年前，月球仍然在克服地球引力向外运动，它处于距离地球30万千米的轨道上，这时候，地球上已经有了水和海洋，相对于地球上的岩石来说，月球对海洋的影响更为剧烈。月球经过时，它的引力会使海洋产生潮汐，但是它们产生的潮汐和今天的不同，它们的巨浪足有几千米高。月球最初形成的时候，海潮的高度是现在的1000倍，他们能够浸入内陆，就像一面一万英尺高的水墙。

月亮好神奇哦

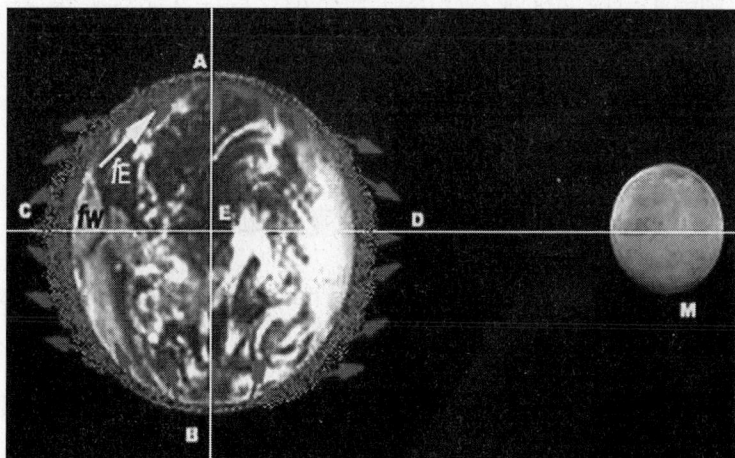

如此高的海浪！以前的月球好可怕啊！

在地球高度自转的时候就是这样的气候，持续不断的飓风，到处都是3000多米高的海浪。地球是什么时候变得安静平和下来的呢？月球对地球产生的巨大海潮又是什么时候变得缓和起来了呢？月球又是怎样让地球的自转速度由6个小时延长到了24小时呢？

4.地球的自转速度逐渐变慢

月球对地球引发的潮汐还有一个更重要的影响，他们让地球大气冷却下来，变得更适合居住。但是30亿年前的地球并不是现在这个样子。地球的自转是影响气候的重要因素之一。正是因为自转，风和大气漩涡才得以产生。地球的自转速度越快，风刮得也越猛烈，几十亿年前，地球的自转速度是现在的4倍。

考考你

大气就像鞭子一样抽打着地表。想象一下，如果每天都刮飓风，我们的世界会变成什么样子？

眼镜爷爷来揭秘

地球的自转速度比绕着地球公转的月球大得多，地球自转是24小时，而月球的公转速度是接近一个月。在当时的条件下，因为速度的巨大差异，月球就会引起大潮汐，那些地方会出现大海浪。于是，月球的引力将海潮拖拽起来，对地球产生反方向的拉力，这样就逐渐减慢了地球的自转速度。

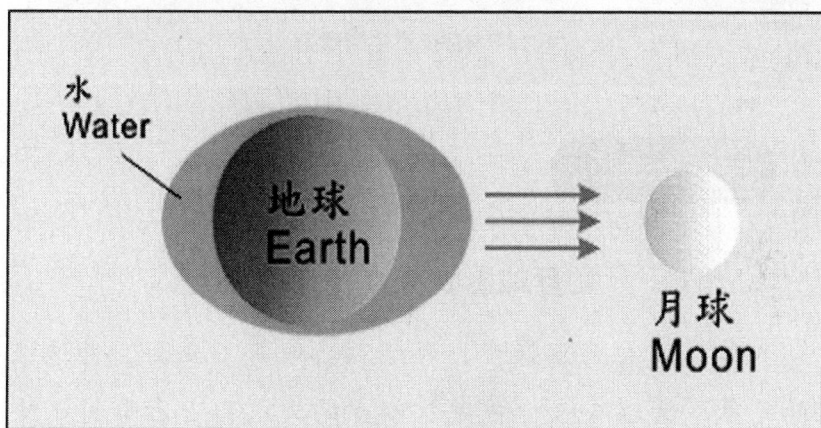

月球对地球引力示意图

潮水沿途冲击岛屿大陆和其他阻碍物时产生了摩擦力，这样也能减缓地球的自转速度，把一天6小时延长到24小时，月球公转一周需要29天多，这叫做月运周期。在月运周期中，天空中月亮的形状会发生变化，这是因为相对太阳和地球来说，它也在不停地运动。

海水冲击岛屿产生摩擦力

未解之谜

1.月球影响人类行为?

人们喜欢在月下散步,年轻人喜欢月下幽会,营造浪漫的气氛。古往今来,更是有不少的文人雅士喜好月下吟诗作对,抒发感情。这究竟是怎么回事呢?

月球对地球的引力只相当于人头顶一米处放一颗豌豆对人的引力。尽管如此,科学家认为这样微小的引力仍然会影响人的行为。因为人体80%都是液体,所以月球引力也能够像引起海洋潮汐一样对人体中的液体产生影响,造成人体的生物高潮和生物低潮。

月下独酌 【唐】李白

花间一壶酒，独酌无相亲。
举杯邀明月，对影成三人。
月既不解饮，影徒随我身。
暂伴月将影，行乐须及春。
我歌月徘徊，我舞影零乱。
醒时同交欢，醉后各分散。
永结无情游，相期邈云汉。

2.月圆与恶狼传说

古往今来，人们往往会把满月和神秘或恐怖事件联系起来，月圆会让人变得不安。有些动物，在月圆时有异常的举动。西方人认为，满月时狼更喜欢嚎叫。还流传着有关狼人的一些可怕传说。这些说法是不是真的呢？如果是真的，那月亮又扮演着什么角色呢？

3.自然灾害是月亮惹的祸吗？

月圆时，会对地球造成破坏性的影响。美国科学家认为月球在某个位置时有能力引起火山喷发。1996年，哥斯达黎加的阿雷纳尔火山就爆发了15次，他们发现月球在火山正上方时，喷发最猛烈，预测的准确率达到了80%。

有科学家预言，近年来两起最大的自然灾害，都可能是月球引起的，一个是2004年的亚洲海啸，还有2005年巴基斯坦的大地震。

2005年巴基斯坦发生7.8级地震，造成接近4万人
死亡和6万多人受伤，约330万人无家可归。

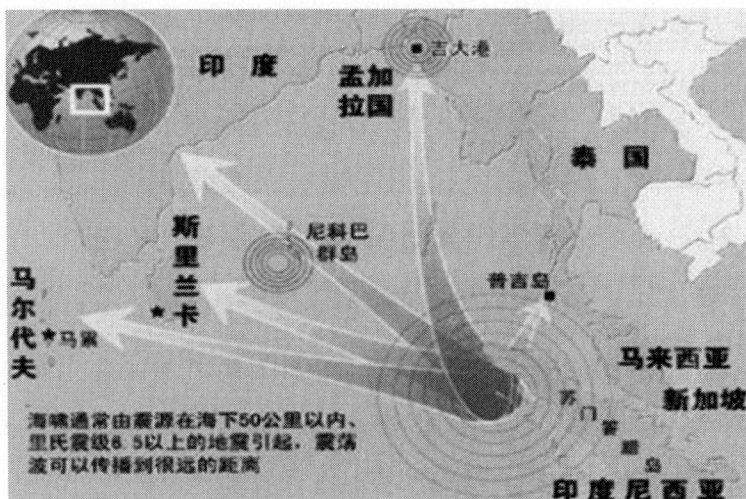

2004年海啸遇难者超过22万，并造成印尼61万人无家可归。

虽然这些理论都是建立在认真地研究地球与月球的引

力基础上，不过结论要受到大多数科学家的认可，还需要时间的检验。

三、时空隧道真的存在吗？

小风铃探究

中国有一句古话："洞中方一日，世上已千年。"说的是人在不知不觉中进入某一山洞时，会丢失时间，在生命历程中出现一段很长的空白。这话看上去毫无科学根据，是不是一派胡言呢？可是在现实生活中确有此事呀，听说这正是当前欧美科学界热衷探索的超自然现象，称为"时空隧道"。什么是时空隧道呢？难道时间还会静止不动吗？

眼镜爷爷来揭秘

智慧卡片

时空隧道：从一个时间一个地点到另一个时间另一个地点

的通道。对"时空隧道"提出了以下几点理论假说：

1."时空隧道"是客观存在，它看不见，摸不着，它既关闭，又不绝对关闭 ——偶尔开放。

2."时空隧道"有可能回到遥远的过去，或进入未来，还可以相对静止。

3.对于地球上的物质世界，进入"时空隧道"，意味着神秘失踪；而从"时空隧道"中出来，又意味着神秘再现。

人类设想的各种时空隧道

星际中的时空隧道

神秘诡异的时空隧道

绚丽的时空隧道

时空隧道的各种报道

1.泰坦尼克号的幸存者

1912年4月15日，泰坦尼克号超级游轮在首航北美的途中，因触撞一座漂浮移动的冰山而不幸沉没，酿成死亡、失踪达1500多人的特大悲剧。

泰坦尼克号

　　80余年过去了，正当人们对它已经淡忘时，却又连连爆出了惊煞世人的新闻。1990年9月24日，"福斯哈根"号拖网船正在北大西洋航行，在离冰岛西南约360公里处，乔根哈斯突然发现附近一座反射着阳光的冰山上有一个人影，他立即举起望远镜对准人影，发现冰山上有一位遇难的妇女用手势向"福斯哈根"号发出求救信号。

　　当乔根哈斯和水手们将这位穿着世纪初期的英式服装、全身湿透的妇女救上船，并问她因何落海漂泊到冰山上时，她竟然回答："我是'泰坦尼克'号上的一名乘客，叫文妮考特，今年29岁。刚才船沉时，被一阵巨浪推到了冰山上。幸亏你们的船赶到救了我。"

难道她从1912年失踪到现在，竟会没有一点衰老的迹象？太不可思议了！人不会老多好啊！

考特太太被送往医院检查，健康状况良好，血液和头发化验也表明她确实是30岁左右的年轻人。海事机构还特地查找了"泰坦尼克"号当时的乘客名单记录表，确认考特太太登上了这艘豪华游轮。

1991年8月9日，欧洲的一个海洋科学考察小组租用一艘海军搜索船正在冰岛西南387公里处考察时，意外地发现并救起一名60多岁的男子。当时，这名男子安闲地坐在一座冰山的边缘，

史密斯船长

他穿着干净平整的白星条制服，猛吸他的烟斗，潮湿的烟丝冒出浓烈的白烟，双目眺望无际的大海。他就是失踪80年的"泰坦尼克"号上大名鼎鼎的船长史密斯。更为惊奇的是，史密斯虽已是140岁高龄的老人，但仍然像位60岁的人。

2.采药遇仙女

在我国历史上的魏晋南北朝时期，《幽明录》记载着这样一个有趣的故事：东汉时期，有两个以采集草药为生的人，一个叫刘晨，一个叫阮肇，他们经常到天台山去采集草药。天台山在浙江省天台县城的北城，是我国佛教天台宗的发源地。这里群峰争秀，峻峭多姿，飞瀑流泉，洁白如练，景色十分秀丽。

风景秀丽的天台山

　　有一天，刘晨和阮肇又来到天台山采集草药。本来两人对这里比较熟悉，可没想到走着走着竟然迷路了，急得不知道怎么办才好。正当他们急得团团乱转的时候，忽然发现身边的一条小溪里漂下来一片大树叶，树叶上有一只碗，碗里装着一些米饭。刘晨说："看，这碗里有米饭，就说明这里一定离有人家的地方不远了。"阮肇也高兴地说："是呀！咱们要是顺着溪水往前走，肯定能够找到人家，也就能找到道路，走出天台山了。"

　　说着，两人就顺着小溪朝前走去。刘晨和阮肇走呀走，翻过一座山后，小溪变成了一条大溪。两人再抬头往周围看时，发现溪流旁竟站着两个姑娘。刘晨和阮肇一看，顿时愣住了，哎呀，眼前的这两个姑娘长得太漂亮了，简直就像天上的仙女一样。这时，其中的一个姑娘说话了："刘郎，阮郎！你们怎么才来呀？我们都等你们好长时间了。"另一个姑娘摆了摆手，笑着说："你们还等什么呀，跟我们回家吧。"刘晨和阮肇听了，心里感到特别纳闷：她们怎么会知道我们姓什么呀？怎么说已经等了我们好长时间了？还说让我们跟她们回家？两人又一想：别管那么多了，反正我们已经迷路了，就跟着她们回家吧。

　　走出不远，前边出现了一个山洞，山洞旁有几间房屋。两个姑娘笑着说道："刘郎，阮郎，到家了，你们请进吧。"刘晨和阮肇走进一看，房屋里边的摆设特别精致，还有好几个丫环。两个姑娘一摆手："摆上酒宴"。丫环们就赶紧端上鲜桃、美酒，还有各种各样好吃的东西。接着，两个姑娘端起酒杯说："刘郎，阮郎，请吧！"刘晨和阮肇在山里转了半天，肚子早就饿得"咕咕"叫了，看到两个姑娘这么热情，就痛痛快快地吃喝起来……

后来，刘晨、阮肇和姑娘相亲相爱，结成了两对幸福的夫妻。

日子过得很快，转眼间一年过去了。有一天，刘晨和阮肇想起了家里的父母和亲人，特别想回家去看一看。于是，两个姑娘为刘晨和阮肇送行，送了一程又一程，最后在那条大溪边含着眼泪分手了。

刘晨和阮肇回到家里一看，都惊呆了。原来，他们的父母和亲人早就不在人世了，家乡的模样和道路全都认不出来了，村里的人也没有一个认识的，而且人们穿的衣服也不一样了。村子里的人看见他们，也感到特别新奇。刘晨和阮肇仔细一打听才知道，这世界已经过去快一千年了。

桃源溪

刘晨和阮肇遇到仙女的故事发生在古代，人们说不清楚是怎么回事儿，只好把它当做神话传说流传了下来。可是现实生活中也发生过类似的事情，令人特别迷惑。

3.飞机失事35年后再现身

1990年9月9日，在南美洲委内瑞拉的卡拉加机场控制塔上。人们突然发现一架早已淘汰了的"道格拉斯"客机飞临机场，而机场上的雷达根本找不到这架飞机的存在。

这架飞机降临机场时，立即被警卫人员包围，驾驶员和乘客们走下飞机后，立即问："我们有什么不正常？这里是什么地方？"

机场人员说："这里是委内瑞拉，你们从何方来？"飞行员听后惊叫道："天哪！我们是泛美航空公司914号航班，由纽约飞往佛罗里达的，怎么会飞到你们这里？误差两千多公里呀！"

接着他马上拿出飞行日记给机场人员看：该机是1955年7月2日起飞的，时隔35年！

机场人员吃惊地说："这不可能！你们在编故事吧！"

后经电传查证，914号班机确实在1955年7月2日从纽约起飞，飞往佛罗里达，突然途中失踪，一直找不到。当时认为该飞机掉入了大海里，机上的五十多名乘客全部赔偿了死亡保险金。

这些人回到美国的家里，令他们家里人大吃一惊。孩子们和亲人都老了，而他们仍和当年一样年轻。美国警方和科学家们专门检查了这些人的身份证和身体，确认这不是闹剧，而是确凿的事实。

四、夺命公路为何屡屡"作案"？

小风铃探究

公路的建设对社会产生了诸多积极的作用，令人匪夷所思的是，有些路段特别容易发生交通事故，不仅事故频出，而且情节重大，后果严重，被人称为"夺命地段"。此地段令许多经过该地的驾驶员毛骨悚然。那么，在事故的背后是人为所致，还是冥冥天意？

1.兰新公路

在中国的兰（州）新（疆）公路的430公里处，翻车事故频繁发生，但是翻车的原因也神秘莫测。一辆好端端的、正常运行的汽车行驶到这里，突然会莫名其妙地翻了车。这种车毁人亡的重大恶性事故，每年少则发生十几起，多则二三十起。

那么，如此众多的车辆在前后相差不到百米的地方接连翻车，奥妙究竟何在？难道是司机不注意吗？不是，尽管司机们严加提防，注意行驶，但这种事故仍不断发生。难道430公里处坡陡路滑，崎岖狭窄吗？不是，430公里处不但道路平坦，而且视线也十分开阔。那么此路段背后藏着什么秘密呢？

兰新公路

未解之谜

有人认为，这里的道路设计肯定有问题。可是，不管人们怎么想办法改建这段公路，神秘的翻车事故，还是不断地出现。后来，人们发现，430公里处的每一次翻车事故，翻车的方向全都是朝着北方。有人说，这个神秘的430公里处以北，可能有一个很大的磁场，汽车行驶到这里，就会被磁场的吸引力吸引过去，这样就会发生事故。不过，这种看法听起来好像很有道理，但是没有经过科学家们的论证。对于司机们，兰新公路的这个神秘的430公里处，已经成了中国的一个魔鬼三角。

2.美国爱达荷州立公路

美国爱达荷州有一条州立公路，经常出现恐怖的翻车事件，司机们都称它是"爱达荷魔鬼三角地"。正常行驶的车辆一走进这个地带，不知道什么时候就会突然被一股人们看不见的神秘力量扔到天上去，然后又被这股神秘的力量重重地摔到地面上，造成车毁人亡的惨痛事件。

州立公路

IP
轻轻的告诉你

一位幸存者的自述

　　一个叫威鲁特的汽车司机就经历过这种可怕的事件。 某日，天气晴朗，太阳暖暖地照着大地，微风轻轻地吹拂着树木，威鲁特驾驶着一辆2吨重的卡车离开了家门。不一会儿，他就驶上了爱达荷州的州立公路。汽车飞快地奔驰着，很快，威鲁特的汽车来到了被司机们叫做"爱达荷魔鬼三角地"的路段上。公路上的车辆不多，好半天才开过去一辆。就在这时，威鲁特突然觉得好像不知道从什么地方来了一股神秘的力量，一下子就使汽车偏离了公路，朝着路边闯了过去。威鲁特急忙想把汽车控制住，可是那股神秘的力量猛地把汽车抓了起来，又"腾"地一下扔了出去。最后，汽车"咕咚"一声就翻倒在了地上。不过，威鲁特非常走运，只是身体受了伤，命保住了。后来，他只要一想起这件事情，就感到害怕。威鲁特是幸运的人，可有好多人就没有他那么幸运了。据统计，在"爱达荷魔鬼三角地"这个地方，已经有十几个人断送了性命。

这段公路跟其他路段的公路没有什么区别，全都是又平坦又宽阔的大道。那么，为什么造成很多车毁人亡的事故呢？为什么车辆到了这里就会被一股神秘的力量扔出去呢？到目前为止，谁也未能解开这个谜。

3.波兰华沙公路

在波兰首都华沙附近有一个地方，也是一个叫司机们感到头疼的恐怖之地。有时候，司机们驾驶着汽车来到这里，就会忽然感到脑袋昏沉沉的，就好像是吃了什么迷幻药似的，结果造成车毁人亡的事故。所以，司机们走到这个地方的时候，宁愿多走一些冤枉路，也不敢从这里经过。

华沙公路

非但如此，就连猪、狗等动物也不愿意在这个地方停留。因为它们只要在这个地方一停留，就会昏昏沉沉。

据说生长在这个地方的植物分成了两种。苹果树、枣树、杜鹃花这样的植物，在这里根本活不成，种下去没有多少日子就会死掉。可是，像枫树、柳树、桃树这样的植物，却在这里生长得枝繁叶茂。

还有一件事情也很奇怪，就是这个地方生产的蜂蜜产量要比附近别的地方高出30%。

未解之谜

面对这种奇怪的现象，人们总想了解产生这种现象的原因，科学工作者们也试图作出一个合理的解释。于是他们对这里进行了大量的考察和研究，结果认为：这些现象的产生是由于地下水脉辐射的影响造成的。这里地下有重叠交叉的地下河流组成的河水网，地下水脉的辐射量较之宇宙射线要强好几倍，司机受到辐射后便失去自制能力。可是，科学家们却没有办法知道，这里的地下水脉到底跟别的地方的地下水脉有什么不一样，这种奇怪的现象是怎么造成的，这又是一个难解之谜。

五、为何飞沙不落月牙泉？

小风铃探究

　　月牙泉，古称沙井，位于甘肃省河西走廊西端的敦煌市，其形状弯曲如一轮新月，因此而得名。月牙泉是国家级重点风景名胜区，是中国旅游胜地四十佳之一，被称为天下沙漠第一泉，被誉为"塞外风光之一绝"。月牙泉，千百年来不为流沙而淹没，不因干旱而枯竭，梦一般的谜困惑着世世代代。

月牙泉的起源

说法一、古河道残留湖

　　认为月牙泉是附近党河的一段古河道，很久以前，党河改道，大部分古河道被流沙淹没，仅月牙泉一段地势较低，由于地下潜流，汇集成湖。湖水不断得到地下潜流的补给，因而不会枯竭。

说法二、断层渗泉

认为月牙泉南侧有一东西向的断层，断层上盘抬高了地下含水层，下盘降到附近潜水面时，潜流涌出成泉。

说法三、风蚀湖

即原始风蚀洼地随风蚀作用的加剧，当达到潜水面深度时，在新月形沙丘内湾形成泉湖。由于环绕月牙泉的沙山南北高，中间低，自东吹进环山洼地风会向上方走，风力作用下的沙子总是沿山梁和沙面向上卷，因而沙子不会刮到泉里，沙山也总保持似脊似刃的形状，这才形成沙泉共存的奇景。

说法四、人工挖掘

认为月牙泉形状与半轮新月惟妙惟肖，好似人工刻意修饰的结果，加之古籍中有"沙井"的记载，既然称井必须是人力劳作的结果。

轻轻的告诉你

月牙泉的传说

关于月牙泉的形成还有一个故事：从前，这里没有鸣沙山也没有月牙泉，而有一座雷音寺。有一年四月初八，寺里举行一年一度的浴佛节，善男信女都在寺里烧香敬佛，顶礼膜拜。当佛事活动进行到"洒圣水"时，住持方丈端出一碗雷音寺祖传圣水，放在寺庙门前。忽听一位外道术士大声挑战，要与住持方丈斗法比高低。只见术士挥剑作法，口中念念有词，霎时间，天昏地暗，狂风大作，黄沙铺天盖地而来，把雷音寺埋在沙底。奇怪的是寺庙门前那碗圣水却安然无恙，还放在原地，术士又使出浑身法术往碗内填沙，但任凭妖术多大，碗内始终不进一颗沙粒。直至碗周围形成一座沙山，圣水碗还是安然如故。术士无奈，只好悻悻离去。刚走了几步，忽听轰隆一声，那碗圣水半边倾斜变成一弯清泉，术士变成一滩黑色顽石。原来这碗圣水本是佛祖释迦牟尼赐予雷音寺住持，世代相传，专为人们消病除灾的，故称"圣水"。由于外道术士作孽残害生灵，便显灵惩罚，使碗倾泉涌，形成了月牙泉。

月牙泉的危机——水位下降

历史上的月牙泉不仅"千古不涸"，而且水面、水深皆极大。有文献记载，清朝时这里还能跑大船。20世纪初有人来此垂钓，其游记称："池水极深，其底为沙，深陷不可测。"月牙泉在有限的史料记载和诗词歌赋中，一直是碧波荡漾、鱼翔浅底、水草丰茂。

　　20世纪70年代中期以来，当地垦荒造田抽水灌溉，造成周边植被破坏、水土流失，导致敦煌地下水位急剧下降，从而月牙泉水位急剧下降。月牙泉存水最少的时间是在1985年，那时月牙泉平均水深仅为0.7～0.8米。

　　由于水少，当时泉中干涸见底竟可走人，而月牙泉也

形成两个小泉不再成月牙形。这使得"月牙泉明日是否会消失"成为许多人关注的焦点。

从2000年开始，敦煌市采取应急措施，在月牙泉周边回灌河水补充月牙泉水位，使月牙泉暂时免于枯竭。

近年来，甘肃省敦煌市全力拯救"沙海明珠"月牙泉，推行了禁止开荒、打井、移民的"三禁"政策，实施了关闭机井、压减耕地的"关井压田"和补水、节水、引水等措施，有计划地为月牙泉"输液"，初步控制了月牙泉的水位下降趋势。至2010年10月，月牙泉水位稳定，平均水深维持在1.7米左右。

图书在版编目（CIP）数据

千奇百怪 / 杨晓奇、邱玉玲主编. –– 南昌：百花洲文艺出版社，
2012.12
（地理大千世界丛书 / 叶滢主编）
ISBN 978-7-5500-0460-3

Ⅰ．①千… Ⅱ．①杨… ②邱… Ⅲ．①地理－青年读物②地理－少年读物
Ⅳ．①K9–49

中国版本图书馆CIP数据核字(2012)第295255号

千奇百怪

策　　划　宝骏　建华
主　　编　叶　滢
本册主编　杨晓奇　邱玉玲

出 版 人　姚雪雪
责任编辑　余　茬　李永山
特约编辑　万仁荣
美术编辑　彭　威
制　　作　何　丹
出版发行　百花洲文艺出版社
社　　址　南昌市阳明路310号
邮　　编　330008
经　　销　全国新华书店
印　　刷　江西千叶彩印有限公司
开　　本　787mm×1092mm　1/16　印张　11
版　　次　2013年1月第1版第1次印刷
字　　数　120千字
书　　号　ISBN 978-7-5500-0460-3
定　　价　18.70元

赣版权登字 05-2012-162
版权所有，侵权必究

邮购联系　0791-86894736
网　　址　http://www.bhzwy.com
图书若有印装错误，影响阅读，可向承印厂联系调换。